U0960374

高等院校素质教育研究

国外学校户外教育研究

GUOWAI XUEXIAO HUWAI JIAOYU YANJIU

兰自力　孙　辉　著

西安交通大学出版社
XI'AN JIAOTONG UNIVERSITY PRESS

图书在版编目(CIP)数据

国外学校户外教育研究/兰自力，孙辉著．—西安：西安交通大学出版社，2023.3

ISBN 978-7-5693-3140-0

Ⅰ．①国…　Ⅱ．①兰…　②孙…　Ⅲ．①校外教育—研究—国外　Ⅳ．①G77

中国国家版本馆CIP数据核字(2023)第046604号

国外学校户外教育研究

GUOWAI XUEXIAO HUWAI JIAOYU YANJIU

责任编辑　王斌会
责任校对　张　娟
封面设计　任加盟

出版发行　西安交通大学出版社
(西安市兴庆南路1号　邮政编码710048)
网　　址　http://www.xjtupress.com
电　　话　(029)82668357　82667874(市场营销中心)
(029)82668315(总编办)
传　　真　(029)82668280
印　　刷　西安五星印刷有限公司

开　　本　720 mm×1000 mm　1/16　**印张**　11.875　**字数**　185千字
版次印次　2023年3月第1版　2023年3月第1次印刷
书　　号　ISBN 978-7-5693-3140-0
定　　价　78.00元

如发现印装质量问题，请与本社市场营销中心联系。
订购热线：(029)82665248　(029)82667874
投稿热线：(029)82668525　QQ：635208196

版权所有　侵权必究

前　言

党的二十大擘画了全面建成社会主义现代化强国、以中国式现代化全面推进中华民族伟大复兴的壮丽蓝图，为新时代新征程党和国家事业发展指明了前进方向、明确了奋斗目标、确立了行动指南。

党的二十大报告指出："大自然是人类赖以生存发展的基本条件。尊重自然、顺应自然、保护自然，是全面建设社会主义现代化国家的内在要求。必须牢固树立和践行绿水青山就是金山银山的理念，站在人与自然和谐共生的高度谋划发展。"报告还强调："教育、科技、人才是全面建设社会主义现代化国家的基础性、战略性支撑。必须坚持科技是第一生产力、人才是第一资源、创新是第一动力，深入实施科教兴国战略、人才强国战略、创新驱动发展战略，开辟发展新领域新赛道，不断塑造发展新动能新优势。"报告同时指出："广泛开展全民健身活动，加强青少年体育工作，促进群众体育和竞技体育全面发展，加快建设体育强国。"

可以说，党的二十大报告为我们开展户外体育教育、培养高素质人才指明了努力方向。

高素质人才不仅要德才兼备、富有创新意识，更应有强健的体魄、协作的精神及坚韧不拔的意志。尊重自然应先置身于大自然之中，感受自然，热爱自然，甚至敬畏自然，不能身处象牙塔中，脱离实践空谈。文化养成亦非枯坐教室就能实现，它需要通过社会实践全面强化。户外教育不仅能为学生提供丰富的实践体验，使其充分融入大自然，感受自然之美，并通过团队协作与不断挑战提升自身意志与体质，还可以通过户外场景中蕴含的本土文化、区域特色来提高学生的文化自信。

过去的青少年学校教育多以传授知识为主，体育得不到重视，户外教育更是少见，直到近几年，这种情况才得到改善。2020 年 10 月，中共中央办公厅、国务院办公厅印发了《关于全面加强和改进新时代学校体育工作的意见》，强调要以立德树人为根本任务，不断提升学生的综合素质，开齐开足体育课；提出要深化教学改革，要把体育教学同广大学生对优质丰富体育资源的期盼相契合。2021 年 7 月，中共中央办公厅、国务院办公厅印发《关于进一步减轻义务教育阶段学生作业负担和校外培训负担的意见》，要求各地应有效减轻学生的作业以及课外学科类培训的负担，使学生在保证学习成绩的同时发展与提高自身综合素质。“双减”政策为推进户外教育带来了难得的机遇，

纵观世界，户外教育在很多国家已得到普遍认可，并多被纳入教育大纲贯彻实施，实践证明，户外教育在促进学生树立积极、健康、科学的生活方式方面发挥着不可替代的作用。

目前，我国的户外教育仍处于起步阶段。正因如此，户外教育的理论与实践有着许多亟待研究的领域。

他山之石可以攻玉。在全民健康与全民健身深度融合、青少年健康成长受到国家高度关注的当下，积极学习和主动借鉴国外户外教育发展经验，将为我国户外教育的开展提供有益的借鉴。

为此，本书采用文献研究法、历史研究法、访谈咨询法、实地考察法和比较研究法对国外学校户外教育进行了专题探讨。首先，本书对户外教育的研究背景进行了介绍，其中包括基于当下社会发展中个人健康与户外运动发展的情况，强调户外运动是现代人不可或缺的生活方式，阐述了我国基础教育课程改革的政策导向与体育产业发展急需户外专业人才的现状，并肯定了国外户外教育经验。其次，本书在

国内外文献综述的基础上，梳理、分析了国内外户外教育研究概况，对户外教育理念、户外教育的范畴与内容及户外教育功能等进行了分析与框定，对户外教育的理论基础进行了论述。再次，本书运用文献资料研究、历史分析法等方法对美国、英国和新西兰等国的学校户外教育情况进行系统研究，重点分析以上三个国家户外教育发展历程、基础教育阶段和高等教育阶段户外教育课程设置及户外教育推展情况。从次，本书在比较和借鉴国外户外教育发展的基础上，立足我国学校教育的现实，提出了一系列建议与发展对策。最后，本书得出最终的研究结论，并在此之上结合自身研究经历与感想，对研究的不足进行反思，并对后续研究及该领域在未来发展的方向作出展望。

根据上述思路，本书共分为六章。

第一章是绪论，不仅对户外教育等相关核心概念进行了界定，而且对相关文献进行归纳与整理，梳理了国内外户外教育研究领域的基本脉络，勾画出本书的整体研究框架。

第二章是户外教育的理论基础，对户外教育的理念进行了梳理，并从户外探索、研究、生活体验三方面对户外教育的范畴进行了解析，对户外教育的模式构建、理论基础、功能作了较为详尽的阐述。

第三章是美国学校户外教育研究，从户外教育的文化历史、组织机构、政策与法规保障等方面对美国户外教育发展进行了概述，并从课程设置、教学目标与内容的分析与实施评价等方面，分别对美国基础教育和高等教育阶段的户外教育展开研究，此外还对美国户外教育的发展特征进行了分析。

第四章是英国学校户外教育研究，从户外教育精英化、分层化、大众化三个不同的时期概述了英国户外教育发展史，从课程目标、教育内容等方面分别对英国基础教育与高等教育阶段的户外教育进行了探索。

第五章是新西兰学校户外教育研究，根据时间线对新西兰户外教育发展状况进行概述，通过户外教育目标及内容，从课程体系、内容等方面分别对新西兰基础教育与高等教育阶段的户外教育展开了研究。

第六章是国外学校户外教育的经验及其启示，从基础教育阶段与高等教育阶段两方面对国外学校户外教育进行了比较，并阐述了国外学校户外教育的发展经验，在此基础上结合我国学校户外教育发展的现状，思考分析了国外学校户外教育的发展经验对我国发展学校户外教育的启示。

后记，通过对自身观点的凝练，就本书整体研究作出总结，提出了九点结论性意见，并对本研究中的创新点与不足进行了再思考，最后根据本研究的内容与方向及未来的研究趋势作出展望。

著者

2022 年 11 月

目　录

第一章 绪 论

第一节 研究缘起与背景

一、户外运动是现代人不可或缺的生活方式

现代生活方式病的出现、蔓延归根结底是由不良生活方式引起的。世界经济的稳步增长和现代科技的突飞猛进，给人类带来物质的充裕和生活的便利，与此同时，给人们的精神世界也带来很大影响。数字化环境下形成的久坐不动的生产方式、生活方式对人们的身体健康、心理健康、道德健康、社会适应能力产生了一系列影响。相关调查数据显示，美国20世纪70年代的死因构成中，来自生活方式的原因占比50%。国内外社会医学、流行病学和临床社会调查等证明，制约和影响人类健康的因素中，生活条件和生活方式占50%～55%。① 例如，高血压和糖尿病都和生活方式有直接关系。中商产业研究院报告显示：截至2020年12月31日，中国分别有1.33亿糖尿病患者、3.24亿高血压患者和8900万高胆固醇血症患者，这些患者群体预计将持续增长。

当下，健康成为人类社会的共同追求和共同关注的话题。预防现代生活方式病的发生，关键在于养成良好的生活方式，改变生活恶习。中国政府历来高度重视人民健康，为推进健康中国建设，提高人民健康水平作出了不懈努力，并取得了显著成效。2016年10月，中共中

① 黄俊琪，饶从志，朱俊鑫. 生活方式与人类健康[J]. 疾病控制杂志，1999，3 (2)：155.

央、国务院印发了《"健康中国2030"规划纲要》，明确了"共建共享、全民健康"的健康中国建设的战略主题，提出"针对生活行为方式、生产生活环境及医疗卫生服务等健康影响因素，坚持政府主导与调动社会、个人的积极性相结合，推动人人参与，人人尽力，人人享有，落实预防为主，推行健康生活方式，减少疾病发生，强化早诊断、早治疗、早健康，实现全民健康"的工作思路。① 在全体人民中推行积极、健康、科学的生活方式成为推进健康中国、健康国民建设的重要举措。从本质上看，户外运动与休闲、消遣、娱乐、旅游、体育虽不能等同，但紧密关联，户外运动是一种休闲方式、一种生活方式，是人们追求返璞归真的一种健康的生活方式。

随着全民健身和全面健康的深度融合，人民群众参与户外运动的热情高涨，参与人数不断攀升，截至2021年底，我国户外运动人数已超4亿人，户外运动产业虽仍处于发展初期，但其潜力正在不断释放，户外运动产品的供给不断丰富，场地设施不断完善，政策体系也在不断健全。"十四五"时期的"双循环"新发展格局激发了户外运动产业的活力，党的二十大进一步强调要加快构建"双循环"新发展格局，这将增强发展户外运动产业的动力。为贯彻落实中共中央办公厅、国务院办公厅印发的《关于构建更高水平的全民健身公共服务体系的意见》，国务院办公厅印发的《关于促进全民健身和体育消费推动体育产业高质量发展的意见》，2022年11月国家体育总局、国家发展改革委、文化和旅游部等8部门联合印发《户外运动产业发展规划（2022—2025年）》，其根本目的是以推动户外运动产业高质量发展，促进和扩大体育消费，满足人民群众日益增长的户外运动需求和美好生活向往。优化户外运动产业发展环境、完善户外运动产业发展布局、优化户外运动产业结

---

①中华人民共和国中央人民政府. 中共中央、国务院印发《"健康中国2030"规划纲要》[EB/OL]. (2016-10-25)[2022-11-15]. http://www.gov.cn/zhengce/2016-10/25/content_5124174.htm.

构、丰富户外运动产品供给、释放户外运动消费潜力、强化户外运动服务支持及加强组织领导、监督管理、政策支持、宣传引导等保障措施，推动户外运动产业规模更大、质量更优、动力更强、活力更足、发展更安全。① 户外运动产业的发展是户外教育的保障，一方面，有利于强化户外运动爱好者的消费理念与动能，培养和引导个人责任意识，尤其是有助于青少年户外运动习惯的养成；另一方面，户外运动产业的发展不仅丰富了户外运动产品的供给，更完善了户外运动风险防范体系，有助于学校户外教育的开展。

户外运动立足于休闲活动本身，抓住人类的"亲自然"习性，指向人们的健康生活，旨在提高人们的生活品质与生命质量。随着生活水平的不断提高和城市化进程的加速推进，人们虽体验了城市多姿多彩的生活，但也降低了自身生物本能，缺少与大自然亲密接触的机会，长期持久的室内工作环境严重限制了人们的视野、束缚了人们的思维。然而，人们在户外可以进行征服大自然的活动，如专业登山、穿越、横渡等；可以欣赏大自然，如对自然景观的观游；可以在大自然中休闲养生，参加各式各样的活动，充满活力。经常参加户外运动，既能满足人们的好奇心，也能满足人们的求知欲，还能为人们的健康保驾护航，更重要的是让人们在与大自然亲切拥抱中感知生命的意义与价值。

二、国外户外教育经验

欧美等发达国家普遍重视户外教育在促进青少年全面发展中的作用，将户外教育作为教育的重要组成部分，将户外教育与本土文化、民族意识、区域特色和青少年需求特点结合起来，将学校户外教育与社会户外教育联系起来，不断进行开发设计和运用，在确立现代人积

①体育总局，发展改革委，工业和信息化部等关于印发《户外运动产业发展规划(2022—2025年)》的通知[EB/OL].(2022－11－07)[2022－11－15]) http://www.gov.cn/zhengce/zhengceku/2022－11/07/content_5725152.htm

极、健康、科学的生活方式方面发挥着不可替代的作用。从活动形式上看，户外教育是以培养现代人健康的心理素质、团队合作意识、强健的体魄、乐观的生活方式和生存技能为主要目的，在自然环境中开展精心设计的身体活动的教育形式。目前，全民健康与全民健身深度融合，青少年健康成长受到举国关注，积极学习和主动借鉴发达国家户外教育发展经验将为我国户外教育的开展提供基础。

户外教育在培养青少年的生存技能、生活技能和社会技能等方面的独特作用获得发达国家的广泛认同，各国将户外教育视为学校教育体系的重要组成部分，与此同时，户外教育也走进普通百姓家庭，成为社会教育的重要形式、社会大众的生活方式。例如英国户外教育极其发达，政府鼓励和资助教育机构开展户外教育，无论是地方教育机构设置的户外教育中心，还是私人提供户外教育，都能给青少年学生或社会大众提供独特的户外体验，促进其健康成长。但随着20世纪90年代英国教育政策转向，许多地方教育机构濒临倒闭，最终正规学校户外教育逐渐繁荣起来，但也存在户外教育数量和质量难以与青少年学生的需求相匹配的问题。于是，英国议会教育委员会数次发布户外教育报告，敦促政府相关部门采取措施发展户外教育，从而保证户外教育发展的可持续性。

自然体验活动被认为是美国青少年健康成长必不可少的、最有效的方式之一。美国家庭普遍认为自然是最好的学校，它是教育的最终场所，是人类学习生存本领的场所，在大自然中可以学习生存技能和生活本领。美国有专门的社会组织和基金长期为全美各地鼓励儿童走出户外的计划提供资金，有专门的大规模的野外生存训练实验基地，成百上千万的青少年自愿参与其中。有资料表明，美国目前有夏令营大约8500个，其中住宿夏令营约为5500个，营地活动从内容到形式均丰富多样。美国学生的营地活动，时间一般是2～4周，大多由政府、团体捐助，但适当收费，一般在200～600美元，也有免费营地活动。户外教育内容是美国学校教育体系中的重要环节，户外教育形式多样、内容丰富、开展时间灵活，学生有多种选择的条件和机会，可在自然环境中体验快乐与挑战、冒险与安全、极限与刺激、生活与生命，加深对生命、生存、生活的理解，达成教育的目的和任务，为形成积极参与运动的生活方式奠定良好基础。

在日本，中小学《保健体育大纲》特别强调将体育课程与大自然环境结合的必要性，以此来培养青少年的野外生存能力，为未来更好地生活做准备。在澳大利亚，政府一直坚持向小学生派发“大自然游乐通行证”，并且要求儿童在 12 岁之前必须完成 15 件事情，其中包括爬树、远足、宿营、沙滩活动等户外活动。健康与体育课程强调，青少年学生的需要是多方面、多层次的，既有掌握知识、提高技能和安全生活的需要，也有体验新生活、挑战极限、战胜自然的需要，这些都是青少年健康成长必不可少的要素，健康与体育课程要在这些方面有所作为。在新西兰，教育部门为了达到提高学生整体健康水平，培养学生社会技能和促进学生个性发展等目的规定设置专门的户外教育课程，健康与体育课程标准将“野外生存生活”作为课程内容之一。户外教育课程包括户外冒险活动和户外专业活动两个部分，并明确要求充分利用各种社会资源确保户外教育质量，确保户外教育活动的可靠性和安全性。

国外无论是学校、社会还是家庭都普遍重视户外教育，青少年儿童从小就广泛接受户外教育。户外教育是学校教育的重要组成部分，对青少年身心健康全面发展起到显著的促进作用。国外户外教育经验对于正处于教育深化改革期的中国而言，有值得学习、吸收和借鉴的地方。目前，户外教育对我国教育而言还显得陌生，这并非经济原因造成的，而是教育观念和教育制度、政策的不完善造成的。户外教育的缺失从学生个人层面来讲，会导致身体素质下降，创造力和想象力不丰富，特别是心理素质及抗挫折能力得不到有效的锻炼；从国家层面来讲，忽视户外教育将会导致国民身体素质、户外生存能力等国民竞争力下降。当前我国正在全面深化改革，其中教育改革提出：增强学生社会责任感、创新精神、实践能力，强化体育课和课外锻炼，促进青少年身心健康、体魄强健。户外教育是实现以上目标的很好的教育途径和手段。因此，学习国外学校户外教育的先进经验和运作模式，对我国户外教育的开展具有积极意义。

三、我国基础教育课程改革的政策导向

世纪之交的基础教育课程改革强调了学校教育应当树立健康第一的指导思想，突出学生身体健康、心理健康、道德健康和社会适应能力的全面发展，强调学校教学内容要与学生的生活经验和实际生活相联系，开始步入超越学科、面向生活的改革。

长期以来，受高考指挥棒的影响，我国教育特别是基础教育被称为“应试教育”。在很多人的观念中，“学习—考试—升学”几乎是基础教育的全部。在升学压力下，学校和家长更关注的是学生考试科目的成绩，而对学生是否接受户外教育，是否有户外活动时间和空间则不太关注。在他们看来户外活动属于“玩”的范畴，“玩”是要给“学”让路的。因此，学校缺乏对户外教育的重视，大多数学校既没有将户外教育列入教学计划，也没有给学生提供户外教育的机会，家长也很少提出户外教育的诉求，这就造成我国各级教育体系中户外教育的集体缺失。当然，我们也要清醒地认识到，当前基础教育中存有的痼疾与户外教育缺失存在一定关系，但户外教育并非包治百病，户外教育不可能解决应试教育中的一切问题，也不可能成为一个国家的主流教育。户外教育坚持了学科内容与学生生活的结合，是当前教育模式的有效补充。

2017 年 9 月，教育部印发的《中小学综合实践活动课程指导纲要》强调，综合实践活动课程要以培养学生综合素质为导向，要面向学生的个体生活和社会生活，注重学生主动实践和开放生成，主张多元评价和综合考察。综合实践活动课程的总目标是：学生能从个体生活、社会生活及与大自然的接触中获得丰富的实践经验，形成并逐步提升

对自然、社会和自我之内在联系的整体认识，具有价值体认、责任担当、问题解决、创意物化等方面的意识和能力。从文件精神来看，综合实践活动课程与户外教育契合度极高，户外教育的含义、内容、目标及价值与其高度相似。户外教育使学生透过户外生活或户外运动体验，建立健康、积极向上的人生观，能给青少年儿童提供有效的学习方法，让学生成为学习的主体，靠自己的努力从“做中学习、做中思考”，并让学生明白人与人的关系、人与自然的关系，以及为人处世之道。同时，青少年儿童从日常生活中学习负责任的行为，进而积极参与社会实践，了解社会、服务社会，达到养德修身、睿智强体、立己立人的目标；在参与各项户外教育活动时，能充分发挥团队协作能力及组织领导才能，提升自信心，锻炼勇于承担责任的精神。户外教育是理想的综合实践活动课程，着力开展学校户外教育是对《中小学综合实践活动课程指导纲要》的深入落实。

2021 年 7 月 24 日，中共中央办公厅、国务院办公厅印发《关于进一步减轻义务教育阶段学生作业负担和校外培训负担的意见》(简称“双减”政策)。“双减”政策为学校体育发展提供了契机，对学校户外教育发展具有积极的意义。浙江师范大学邵伟德认为，应基于“双减”政策为改革课外体育活动提供的契机，形成“一主体、二主线、三保障”的课外体育活动质量提升路径，即以运动俱乐部为主体，以运动竞赛、分层管理为主线，以政策规范、学校支持、校内外合作为保障，协同提升课外体育活动质量。① 上海市新中高级中学徐阿根认为，在“双减”政策背景下，学校体育应在体育教学理念与方法、体育课程设置与内容、学校体育活动与竞赛等方面优化实践策略，为构建教育良好生态，促进学生全面发展、健康成长奠定基础。②

---

①专家组.“双减”政策与学校体育发展[J].上海体育学院学报，2021，45(11)：1－15.

②同①

与现有教育模式相比，户外教育的意蕴更多体现在四个方面：①户外教育强调参与者的身体力行和切身体验，以直接学习为主，在亲身参与过程中与关系世界产生互动，与自身生活经验产生联系，产生情感上的冲击与共鸣，进而更好地认识世界；②户外教育强调协调合作，在户外团队活动中实施团队管理，只有在相互认识、相互尊重、相互合作、相互欣赏中才能实现团队目标；③户外教育强调主体意识与责任意识，每一个青少年都是独特的自己，拥有属于自我的人格，拥有自己的思维方式和行为习惯，但是要想有更好的“自我”是以承担一定的使命为前提的，在户外团体活动中只有更好地承担属于自己的责任才能更大程度上寻求“自我”“本我”与“他我”的统一；④户外教育以促进潜能释放与个人成长为目标，在与自然和他人交流合作、完成任务过程中能够不断提升自己发现问题、分析问题和解决问题的能力。由此可见，户外教育的教育意蕴与基础教育课程改革政策取向相契合，户外教育完全能够进入教育内容体系，成为基础教育综合改革的重要议题和改革方向之一。

四、我国体育产业发展急需户外专业人才

随着我国由体育大国向体育强国的有序推进，全民健身活动蓬勃开展，大众体育必将有着长足的发展，而户外运动将在其中发挥重要作用。20 世纪 80 年代，户外运动由西方传入我国，因其自然性、趣味性和挑战性等特点而受到很多人的喜爱。20 世纪 90 年代户外运动逐渐在我国兴起，进入 21 世纪以后户外运动人群增多，户外俱乐部数量也大量增加。目前，户外运动在我国进入一个快速发展时期，已经成为人们健身、休闲、旅游的重要途径，也成为一种社会新风尚。

我国地域广阔，有着丰富多彩的自然环境和多样化的户外运动资源，为大众参加户外活动提供了天然便利的场地条件，使得户外运动便于开展；加之户外运动的性别差异和年龄差异并不显著，像登山、徒步、越野跑、自行车骑行等户外运动都是较为普及的群众体育运动

项目。可以预见，在未来 10 年内户外运动将有很大的发展空间。但我们也应该清晰地认识到我国户外运动发展的基础薄弱，大众普遍缺乏户外运动常识，许多人想参与户外运动，但因缺乏户外知识与技能而望而却步。一部分人参加户外运动只是盲目跟随，并不能在户外运动中体会到真正的乐趣，没有充分发挥户外运动的价值与功能。还有一部分人由于缺乏必要的户外运动常识造成了户外伤害事故的发生，给自己、家人和社会带来伤痛和困扰，有时甚至对自然环境造成破坏。这些归根结底是由于我们缺乏基本的户外教育。因此，户外教育的开展是时代发展的需要，能够给人们带来户外活动所需的理念、知识与技能，让人们体会到户外运动的真谛，最大限度地避免伤害事故发生，进而享受生命、享受自然。户外教育有利于全民健身活动深入开展，促进群众体育蓬勃发展。

当前，我国各地政府充分认识到人们对休闲的需求，为促进地方经济，大力发展休闲运动旅游产业。各地政府充分利用地域特点和自然特色，打造地方户外旅游品牌，休闲运动旅游已经成为一个新兴产业。各地政府应当不仅仅重视地方经济的发展，还要高度重视户外人文环境的培育，注重地方民族文化与自然环境的结合，注重文明旅游，保护好自然生态环境。而这些都需要有专业户外知识和背景的管理者和经营者来推动。从发达国家的经验来看，在自然景观和国家公园等休闲运动旅游场所，景点的工作者多为受过专业户外教育的人员。

2014 年 10 月，国务院印发的《关于加快发展体育产业促进体育消费的若干意见》提出：到 2025 年，体育产业总规模超过 5 万亿元，大力支持发展健身跑、健步走、自行车、水上运动、登山攀岩、射击射箭、马术、航空、极限运动等群众喜闻乐见和有发展空间的项目；引导发展户外营地、徒步骑行服务站、汽车露营营地、航空飞行营地、船艇码头等设施。《体育产业发展“十三五”规划》将重点打造冰雪运动、山地运动、户外休闲运动、水上运动、汽摩运动、航空运动、武术运动等各具特色的体育产业集聚区和产业带作为体育产业升级的重要举措。另外，国务院等相关部门还出台了《关于加快发展健身休闲产业的指导意见》《山地户外运动产业发展规划》等政策法规。从中可以看出，户外运动产业发展空间巨大，有潜力成为体育产业的重要支柱，但户外运动产业多属于高危险性运动项目，对从业人员有较高的知识、能力和素质要求，户外运动专业人才短缺已成为制约户外运动产业发展的重要因素。

2007年，教育部批准设立休闲体育本科专业，该专业旨在培养德智体美劳全面发展，适应新时期社会、经济发展需要，具有休闲体育基本理论、专业知识、户外运动技能，能够从事休闲体育研究、休闲体育产品策划与设计、体育旅游开发，以及户外运动教育项目组织与管理的高素质、应用型专门人才。

但目前，休闲体育专业教育培养的专业人才与市场需要还不能无缝对接，而且户外教育对参与者也有专业化要求。因此，一方面要在学校教育中普及公民户外教育内容，另一方面要加强户外专业教育，提高户外专业人才培养质量。户外教育内容丰富，包括户外生活体验、户外研究、休闲游憩及户外运动教育等。其中，休闲体育运动是其重要的活动内容之一。因而休闲体育的发展需要依托户外教育这个平台，而户外教育职业化、专业化发展为休闲体育专业学生提供了学习与实践的渠道，也为学生就业提供了机会。因此，研究户外教育、发展户外教育对休闲体育专业建设具有现实意义。

第二节　研究目的与意义

一、研究目的

不良生活方式已成为现代生活方式病发生与流行的罪魁祸首，实现“健康中国”建设的愿景，依赖于全民健康生活方式的养成，离不开全民健身与全民健康的深度融合。户外运动作为一种休闲方式、一种返璞归真的健康的生活方式，若能在全社会得到推广且人们积极参与定将推动“健康中国”建设目标早日实现。

放眼当今教育，应试教育的痼疾难以从根本上消除，青少年教育存在较为突出的失和、失教、失业、失德、失才、失控等“六失”风险，要想建成教育强国和人力资源强国，深化教育综合改革势在必行，而户外教育作为教育的重要构成，“在户外、通过户外、为了户外”的户外教育理念不仅能丰富教育教学手段；激发学生学习兴趣，而且能促进学科与生活的有机结合，实现青少年学生的全面发展。

在此背景下，本书的研究目的主要有以下三个方面。

第一，厘清户外教育相关概念，探索学校户外教育体系，发展户外教育理论。

第二，坚持“学贯中西，洋为中用”的原则，系统归纳国外学校户外教育的理念、经验与发展趋势，为我国学校户外教育开展提供参考借鉴。

第三，从我国实际出发，探讨户外教育在我国实施的政策、路径与策略。

二、研究意义

本书针对我国户外教育开展缓慢及基础理论研究薄弱这一问题，对国外户外教育理念、学校户外教育开展情况、发展路径和政策支持等问题进行了系统而深入的研究，该研究对推动我国学校户外教育的发展具有理论指导和现实意义。

从理论层面来说，本书对户外教育的含义、范畴、教育理念，以及学校户外教育进行了深入研究，为我国学界研究户外教育抛砖引玉，促进和带动户外教育的基础理论研究，丰富我国户外教育理论，同时，给中国教育研究与实践提供经验借鉴和发展启示，也为我国深化教育改革，特别是体育教育改革提供理论支撑，并有利于加强国际户外教育交流与合作。

从实践层面来看，本书从户外教育的范畴、学校户外教育开展和政策支持等方面入手，全面探讨国外校户外教育的成功经验，深入了解和研究学校户外教育，解析国外户外教育实践活动的推展模式和政策法规，为我国学校户外教育的开展提供理论与实践参考，同时，通过逻辑检视和现状研究，积极寻求解决我国学校户外教育发展问题的正确思路、有效途径，尝试构建我国学校户外教育科学发展的有效机制，为我国学校户外教育的开展提供实践参考和经验借鉴。

第三节　核心概念界定

一、户外教育

户外教育是一种体验式的教育方式，利用户外的环境进行学习与训练，目的在于加强或补充学校课堂教学的不足，它具有科学整合的特点。户外教育的教育内容广泛，学习时间因教育内容的不同也有较大差距，其中有一日以内的活动，如登山、攀岩等，也有数日甚至一学期以上的探险活动，在活动中逐渐增强团体合作意识，个人的勇气、责任、环境意识等。户外教育提供了一个优质的平台，使师生通过探索体验、课程及过程之间的关系形成更加丰富的学习背景。

户外教育是课程的延伸，也是获取直接经验的方法及手段。户外教育具有不同导向，如课程、行为、休闲、环保、野外生存等导向，而最广泛的意义则在于其专注于户外的教育，利用山地、丛林、江河、湖海等自然环境资源或人造环境设施，促进人们户外生存、生活知识获得、户外技能形成的教育，更培养了人积极健康的世界观与价值观①。

①余昭炜，兰自力，孙辉．国外学校户外教育研究[J]．广州体育学院学报，2015，35(03)：121－124.

户外教育既不是单纯的户外活动，也不等同于环境教育，更无法覆盖个人和社会的发展，它是户外活动、环境教育与个人和社会三者间的交集，是在自然之中进行的教育行为，是通过将学习同生活完美连接，在户外获得书本和书本外的知识。西蒙·普里斯特(Simon Priest)把户外教育比作与户外或是环境息息相关的一棵承载着一系列教育活动的大树，而冒险教育与环境教育则是其重要的枝干。[①] 由于户外教育并不是一个精确的词语，通常人们将之视为只存在于学术界中的名词，更多的则是包括在宽泛的项目中。为了区分户外教育，我们应先对“在户外的教育”有一个准确的理解与认识。“在户外的教育”指的是在户外开放环境中所进行的教育活动，不论城乡或者荒野，它是一个很宽泛的概念，范畴极大，如田野调查、考古、地质勘探、野外实习等均可被囊括其中，也包含了诸如徒步、攀岩、跳伞、登山等一系列需要有一定技术在水陆空环境中开展的户外活动。而户外教育范畴则略小，通常是指具有一定的风险及体能挑战的户外活动，参与者能够以此为载体，通过在自然环境中具有挑战性的活动，发展个人、环境、社会三方面的能力。

户外教育通常来说是一种在户外环境中开展的在活动中学习的体验过程，可视为营地活动、学习教育或是一些户外项目的一部分。相较于科学或是数学之类预设好目标的独立科学，户外教育的学习氛围是简单的，并且这种学习氛围可以为参与者提供丰富的实践经验以便更好地解决现实生活中所遇到的生活问题，此类直接体验所带来的价值难能可贵，在一定程度上更为清晰地理解并更合理地使用了大自然环境进行教育的目标。[②]

①PRIEST S. Redefining outdoor education：a matter of many relationships[J]. The journal of environmental education，2010，17(3)：13－15.

②MELODY R. Writing's place in outdoor experiential education[D]. Bloomington：Indiana University，2007.

乔治·唐纳森等(George Donaldson)在其论文“Outdoor Education: A Definition”中对户外教育下了定义“Outdoor Education is education in, about and for the outdoors.”。①其中的“在(in)”是指开展教育所依托的地理场景，可以是校园里，或是指定的野外地区，此类场景允许参与者进行互动，获得直接经验，有着体验教育的特点；其中的“关于”则是指教育经验为参与者获得与自然相关的知识，与生态及人居环境类似；其中的“为”则是指户外教育的学习目的，囊括了情感、认知及精神活动。故户外教育是涉及多感官、多学习维度的整体性的体验教育。在充分思考唐纳森等人的观点后，结合自身的思考，我们对“在(in)”“关于(about)”和“为(for)”作出重新解释。“在”指置身于户外场景，多指自然环境，也有按照自然环境设计的人工场地；“关于”是指与自然环境的关联性，既包括生态、人文等人与自然的关系，也涉及间接性的关联与影响；“为”则多指为了顺利开展户外活动要求参与者自身所具备的综合能力。此三者为户外教育的充分条件，即同时满足此三项条件的必然是户外教育，但并非充分必要条件。户外教育可能不会同时满足这三项条件，仅满足其中部分条件，但仍是户外教育。具而言之，可涉及以下几种情况。第一，不论是否置身于户外，所开展的教育活动只要与户外相关或是为了户外运动，均可被称为户外教育，如在教室中学习户外教育的相关知识，虽身处室内，但是为了能顺利开展户外活动而进行教育文化活动，此类教育一般只作为前期准备工作，主要还是以户外环境为主。第二，不论开展的活动是否与户外能力的成长相关，只要身处户外场景之中，或与户外活动相关，亦可被称为户外教育，如去野外进行地质勘探的实习等，其目的是直观、形象地通过自然环境学习与之相关的地质科学。第三，不论开展的活动是否与户外相关，只要身处自然场景中，仍可被称为户外教育，如

①DONALDSON G W, Domaldson L E. Outdoor educationa definition[J]. Journal of health, physical education, recreation, 1958, 29(5): 17 - 63.

对生态、环境问题的研究等。

综上所述，户外教育的边界甚广，它是一种普遍的教育手段及方法。从广义而言，户外教育是指一切发展在户外或与户外相关、为了户外的教育行为，它遵循大教育的理念，具有大户外及泛户外的包容性，如自然生态、环境、科学、人文教育等均包含在其中。广义的户外教育太过于宽泛，故不是本书研究的重点。从狭义而言，户外教育则是指专注于户外开展，利用山地、丛林、江河、湖海等自然环境资源或人造环境设施，促进人们户外生存、生活知识获得、户外技能形成的教育。狭义的户外教育是本书研究的主要对象。户外教育注重个人及社会人际关系的发展，培育人们对环境的尊重与关怀，促进人与自然的和谐发展，使其在情感、态度、信念和价值观方面得到有效发展。

二、学校户外教育

户外教育涵盖社会户外教育和学校户外教育两个方面。本书的研究论域集中于学校教育领域的户外教育，从三个层面对学校户外教育展开研究。第一个层面指户外教育的初级阶段，是指将户外教育作为方法和手段应用于其他学科课程，从周围环境中获得经验，促进其他学科课程教学目标的实现，通常在基础教育中的小学阶段。第二个层面为户外教育通识教育阶段，通常是在中小学阶段，学生通过设定的户外教育课程、娱乐和活动，通过与他人的自然相处获得真正的学习经验、社区生活经验，由学校组织，户外教育中心协助完成。第三个层面为户外教育专业化发展阶段，满足专业学生在户外领域(如环境研究、运动休闲、户外运动等)专业化学习的需要，通常在高等教育阶段进行。

第四节 文献综述

一、国外相关研究

国外特别是西方发达国家户外教育开展较早，拥有深厚的户外文化，户外教育渗透在学校、社会、社区各领域，因此国外对户外教育的研究较早，研究内容广泛，涉及户外教育的方方面面。各国学者根据各国户外教育的实际情况，结合户外教育的内容和功能，对本国户外教育理念、文化，户外教育的含义、范畴、内容、实施途径，以及户外教育的支持政策等进行了全面、系统的研究。国外户外教育研究中涉及的关键词有：户外教育、户外探险教育、体验式教育、户外游憩、环境教育等。

（一）关于户外教育概念的研究

从国外研究者对户外教育定义的研究可以发现，要给户外教育进行精确的，并且能够被广泛认同和接受的定义是非常困难的。每一位研究者对户外教育进行界定时都出自不同的角度和目的，对户外教育的概念提出不同的看法和论述。

拉宾(Lappin)认为：户外教育是丰富课程的一种手段，其学习过程发生在户外，广义的户外教育包括环境教育、环保教育、冒险教育、学校露营、荒野治疗等，也包括一些户外休闲、游憩活动。

阿德金斯(Adkins)等专门就户外教育、体验式教育、环境教育的定义进行了研究，并阐述了它们之间的相互关系。他们认为户外教育、体验式教育、环境教育这三种教育密切相关，难以简单地进行剥离，它们所涉及的目的和焦点极其相似，但每一种教育的关注点却有所不同。①

尼尔(Neil)认为：户外教育是一个国际性的、体验教育现象，人们通过从事户外冒险活动，从而增强个人、社区和环境的互动。

（二）关于户外教育功能的研究

国外文献中关于户外教育功能的研究涉及多个领域，具体如户外

---

①ADKINS，SIMMONS C，BORA. Outdoor，experiential，and environmental education：converging or diverging approaches? [EB/OL][2022－10－25]. https://files.eric.ed.gov/fulltext/ED467713.pdf.

教育帮助人们认识自然，树立爱护自然、保护自然的意识；户外教育促进儿童成长，对在校学生的学业、能力、性格、体力等方面产生积极影响；户外教育有助于社会责任感的提升，对社区发展具有积极的影响；户外教育对于心理治疗具有特殊作用，如户外教育用于犯罪人员心理辅导，对于减少犯罪起到积极作用。

克林顿 L. 谢帕德(Clinton L. Shepard)等就户外教育对环保态度的影响进行了研究，他们对露营活动参与者进行调查，结果表明：从理论上来看户外教育会对环保态度产生一种积极的影响。约翰·海蒂(John Hattie)等就户外体验式教育对学生在学业、领导力、自我概念、性格、人际交往、探索精神等六方面共四十个子指标的影响进行了跟踪研究，研究表明在各个指标上，户外体验式教育对学生均产生了不同程度的积极影响，促进了学生身心健康，有利于学生的全面发展。[①]

博斯(Boss)就户外教育与学生社会责任感的提升进行了研究。他认为通常有三种户外教育形式可培养学生的社会责任感，分别是探险教育(adventure education)、文化调查(cultural journalism)、参与式研究(participatory research)。他对每一种形式如何增强学生社会责任感进行了阐述，指出户外教育是提高学生社会参与、社会责任感非常有效的途径，但是要想让学生全身心地投入体验式学习的各种形式中，充分发挥户外教育的功能，需要教育者进行科学的设计和组织。

艾丽森·卢格(Alison Lugg)对高等教育中通过户外教育对公民可持续发展素养的作用进行了研究，侧重于探讨高等教育中户外体验式教育对公民可持续发展素养有何意义，因为高等教育部门有义务和能力去提升公民可持续发展素养，并讨论了英国户外、环境、可持续发展教育的关系，这是一个关于户外学习如何提升毕业生可持续发展素

①HATTIE J. Adventure education and outward bound: out-of-class experiences that make a lasting difference[J]. Review of educational research, 1997, 67(1) :43-87.

养的实证性的研究。①

莱奥拉(Raiola)的研究指出，精心设计的户外冒险教育是一种帮助个人转变的非常有效的教育途径，并提供了一套户外冒险教育课程给领导者们，指导他们如何领导、掌控和培养下属。珍妮佛·威格斯沃思(Jennifer Wigglesworth)对大学户外教育课程对大学生自我认识、人际关系和环境关系的影响做了研究分析。② 新西兰户外教育中心认为，户外教育可以培养学生的户外知识、技能，提高学生社会适应能力，促进学生全面发展，并教育学生关心自然、爱护自然。③

(三)关于户外教育开展的研究

国外的研究中均有对户外教育理论和实践的具体研究，领域涉及中小学、大学户外教育的实施及社会户外教育的开展，内容包括户外教育的开展理念、学校户外教育课程安排和户外教育的制度保障。研究反映国外特别是发达国家无论是国家、社会、学校还是家庭都对户外教育有着足够的重视，学校教育、社会教育和家庭教育都包含了户外教育内容。

美国户外产业协会公布的《美国户外活动参与趋势报告(2022 年版)》显示一半(54%)的 6 岁及以上美国人在 2021 年至少参加了一项户外活动，户外休闲参与者基数在 2021 年增长了 2.2%，达到 1.642 亿人。户外教育在美国学校和社会普遍开展，美国许多高校设有户外教育专业或开设有多门户外教育相关课程。

---

①LUGG A. Developing sustainability—literate citizens through outdoor learning: possibilities for outdoor education in higher education[J]. Journal of adventure education and outdoor learning,2007,7(2):97-112.

②WIGGLESWORTH. The perceived life impact of a university outdoor education course[J]. The ontario journal of outdoor education,2012, 24(3):20-21.

③GILLESPIE L. Key area of learning outdoor education[J]. Journal of physical education New Zealand,2007,40(3):22.

美国户外教育学校(National Outdoor Leadership School，NOLS)是美国最具规模、最专业的社会户外教育机构，提供给户外爱好者户外活动所需的生活、安全和环保技能。美国太空署也委托 NOLS 为他们规划员工所需的一系列户外训练课程。早在 1963 年，美国学者艾琳·霍伦贝克(Irene Hollenbeck)在“Outdoor Education In Oregon”中对俄勒冈州学校户外教育进行了研究，对俄勒冈州学校及其他机构为学生提供的户外教育数量和种类进行了研究，重点对学校露营教育的开展进行了分析。科纳普(Knapp)在“Outdoor Education In the United States：Yesterday，Today and Tomorrow”一文中追溯了美国户外教育的历史，对未来趋势进行了展望，具体介绍了美国户外教育的应用范围，特别是在中小学基础教育中成功实施，分析了户外教育的目标及发展趋势，并对户外教师培训进行了简要的阐述。

彼得·希金斯(Peter Higgins)的“Outdoor Education in Scotland”一文对苏格兰户外教育进行了研究，认为苏格兰是世界上最早开展户外教育的地区，虽然它是英国的一部分，但是具有鲜明的文化特征和独立的教育、法律体系，这些因素都对户外教育的发展产生着影响。文章从地理、气候、政治、经济、休闲时间等方面对苏格兰户外教育发展的影响进行了解析。①杰夫·库珀(Geoff Cooper)在“Changing Roles for Outdoor Education Centres”一文介绍了英国有超过 1200 个由地方政府、志愿机构或商业机构运行的户外教育中心，是拥有户外教育中心最多的国家之一，每年有大量的青少年参与户外教育中心组织的活动。文章还对英国户外教育中心的功能进行了介绍，并通过实际案例对户外教育中心课程及目标进行了分析。

M. 博伊斯(M. Boyes)对户外教育在新西兰体育与健康教育课程中的

① HIGGINS P. Outdoor education in Scotland[J]. Journal of adventure education and outdoor learning,2002,2 (2):149 - 168.

地位进行了研究。该研究探讨了新西兰户外教育理念的发展，阐述了对新西兰户外教育的理解，并进一步指出户外教育具有悠久的历史，起源于早期的露营活动和教学实践，其他国家的户外教育理念对新西兰户外教育产生了积极影响，特别是美国的体验式教育、冒险教育和环境教育理念，以及英国将户外教育当作休闲和旅游的理念。作为体育与健康教育课程的一部分，博伊斯就学校户外教育的发展提出了自己的建议。①

罗宾·辛克(Robyn Zink)等就新西兰学校户外教育的性质和范围展开了论述。文中提到新西兰户外教育作为教育的一部分已经有150年的历史，20世纪40年代之前的户外教育主要是休闲娱乐；进入20世纪70年代后，户外教育在教育中的作用开始凸显，尤其在就业能力方面发挥着重要作用。1999年，户外教育得到了官方的认可，被新西兰教育部列入体育与健康教育课程。为了实现体育与健康教育课程中户外教育的目标，学生需要一系列的户外学习活动机会，包括：①注重发展学生身体技能，享受乐趣的冒险活动和户外活动；②注重个人发展和人际关系技巧的冒险活动和户外活动；③学习新西兰传统价值观和民族文化的活动；④学习户外休闲活动对生态环境影响的活动，制定策略和计划，评估和管理个人、团体的安全，挑战和风险的活动；⑤了解如何在社区内开展户外休闲娱乐活动等。②

鲍勃·亨德森(Bob Henderson)、汤姆·波特(Tom Potter)在"Outdoor Adventure Education in Canada: Seeking the Country Way Back In"一文中，介绍了加拿大户外教育的开展情况，研究指出加拿大有着独特的地域特征，户外教育的开展特色鲜明。该研究从地理、历

①BOYES M. The place of outdoor education in the health and physical education curriculum[J]. Journal of physical education New Zealand,2000,33(2):75－88.

②ZINK R,BOYES M. The nature and scope of outdoor education in New Zealand schools[J]. Australian journal of outdoor education, 2006,10(1):11－21.

史角度入手，对加拿大户外教育进行了详细的阐述和总结。①

加拿大户外教育的关注点一是户外探险教育，二是生态环境教育。加拿大的户外教育理念及户外探险教育体系有其独特性。户外教育在加拿大各社会领域以多种形式进行着，主要包括青年夏令营户外教育，学校（中学、专科学校、大学）户外教育、社区户外教育和商业培训机构组织的户外教育，在各种形式的户外教育中进行领导力培养、团队建设活动、户外技能发展、环境保护意识培养等。

吉姆·利特（Jim Little）在“Outdoor Adventure Leadership at Laurentian University”一文中对加拿大劳伦森大学的户外教育课程进行了介绍。文章指出劳伦森大学户外探险领队方向的体育与健康专业是非常有特色的，这个专业方向是该校六大著名人体运动科学专业方向之一在加拿大深受欢迎。该研究从知识体系、专业能力培养和技术认证等方面对该专业方向的课程进行了介绍。可以说，利特的研究是加拿大高校户外教育专业建设与发展的一个缩影。

澳大利亚的学校户外教育课程开展广泛，且形式多样。安德鲁·布鲁克斯（Andrew Brookes）对澳大利亚维多利亚州的户外教育课程的研究表明，该州户外教育课程开设形式多样、内容丰富、户外教育课程在该州得到广泛开展。同时，布鲁克斯对户外教育课程的实施情况进行了评价，并对户外教育如何开展提出了建议。② 彼得·马丁（Peter Martin）在“Outdoor Education in Senior Schooling: Clarifying the Body of Knowledge”一文中指出，在澳大利亚部分州，户外教育作为正规课程出现在学校教育中。文章通过对中学户外教育课程的分析，描述和

---

① HENDERSON B, POTTER T. Outdoor adventure education in Canada: seeking the country way back in[J]. Canadian journal of environmental education, 2001(6). 225-242.

② BROOKES A. Lost in the Australian bush: outdoor education as curriculum[J]. Journal of curriculum studies, 2002, 34(4): 405-425.

界定了户外教育的知识主体与课程内容，对澳大利亚中学户外教育的实施提出了建议。

塞波·卡皮宁(Seppo Karppinen)在“Finnish Outdoor Education—Old Erä-Experiential Method in a New Concept”一文中，对芬兰户外教育进行了介绍，指出芬兰的地理环境非常适合户外教育的开展，户外环境、户外学习、户外生活影响芬兰人的心态、思维、实践、生存和繁荣。

二、国内相关研究

户外运动、户外教育传入我国时间较晚，在我国发展的时间不长，我国学者对户外教育的相关研究始于20世纪90年代末期，2000年之后，相关研究才开始逐步活跃。通过文献资料检索发现，国内以“户外教育”为关键词的文献数量极少，出现这一现象的原因有二：一是我国户外教育起步较晚、发展滞后，户外教育研究成果相对较少；二是文化和认识方面的原因。虽然我国对关键词为“户外教育”的研究成果较少，但不代表我国对户外教育完全没有研究。

由于文化差异和认识不够深入等原因，我国对户外教育的研究多集中在户外运动、野外生存、拓展训练等相关领域。从国外的研究来看，这几个领域都是户外教育所包含的范畴，这也说明我国目前对户外教育的认识不全面，研究缺乏从整体角度把握，只是从部分内容入手。因此，本书在国内文献综述部分对户外教育的阐述主要涉及关键词为“野外生存”“拓展训练”“户外运动”等相关领域的内容。

(一)关于学校野外生存教育的研究

我国学校野外生存教育源自露营教育，是户外教育重要的手段和方式。目前，我国对学校野外生存教育的研究集中在高等学校，研究内容大多以高等学校开展野外生存生活训练的实证研究为主。

在20世纪90年代以前，我国对于野外生存教育的研究较少。1992年，金学斌的《日本野外教育》是我国较早从教育学视角下看待野外生存的研究，文中指出：野外教育是以野营、登山、游泳、观察自然活动等野外活动为形式的教育形式，并介绍了日本学校野外教育的概况，分析了野外教育的意义，提出我们应学习野外教育的建议。① 1998年，中国地质大学(武汉)率先在全国高校中开设了野外生存体验课程，使野外生存教育步入高校发展轨道。进入21世纪，我国对于野外生存教育的研究逐渐增多，研究向高校体育教育领域倾斜，主要是针对大学生开展野外生存教育的现状、问题、策略及发展路径等方面的内容。

2002年，在高校体育课程改革的背景下，体育工作者提出了一种全新的体育课程内容——野外生存生活训练。2002年，“拓展高校体育课程，促进学生身心发展——在高校中开展野外生存生活训练的实验研究”作为全国教育科学“十五”规划国家级课题获得立项，这是我国最早对户外教育类课题进行立项的全国教育科学规划项目。该研究项目对高校野外生存教育的实施进行了全面探索，并产出系列研究成果。研究指出野外生存训练列入高校教学内容，符合现代教育理念和我国高校体育教育改革的发展趋势，是深化我国高校体育课程改革的需要。②

在课题研究期间，该项目组结合课题要求，启动了大学生野外生存训练的实验项目，总结了高校开展野外生存训练的实践经验，论述了野外生存训练课程目标和教学内容，为野外生存训练在高校体育课程中的普及与推广提出对策建议。③

《中国学校体育》杂志从2003年第1期起连续刊登了该课题组主要成员的研究成果，成果内容包括：拓展高校体育课程，促进学生身心

---

①金学斌．日本野外教育[J]．西安体育学院学报，1992，9(4)：17－18.

②张惠红，陈作松，严阎健，等．“野外生存生活训练”作为高校体育课程内容的意义[J]．体育学刊，2002，9(6)：86－87.

③季可异，季浏．拓展高校体育课程促进学生身心健康：高校开展野外生存生活训练实验研究概述[J]．中国学校体育，2003(1)：50－51.

健康；大学生野外生存生活训练内容研究；大学生野外特殊技能学习和训练方法研究；大学生野外生存生活训练安全问题研究等。该课题研究成果为我国学校野外生存训练，以及户外运动教育的研究与推展提供了发展方向和经验借鉴。

此后，我国学者对高校开设野外生存训练课程和大学生野外生存教育可行性的研究逐步深入。许方龙、宾洲在《高校体育教学中开展野外生存教育的可行性》中针对高校现状，论述了在高校开展野外生存教育的有利因素，从教育计划、师资和安全角度提出了高校开展野外生存教育需要解决的几个问题。① 姜丽的研究中提出野外生存训练是一种新型的教学模式，通过野外生存训练，实施以人为本的人性化的素质教育，使学生“学会学习、学会生存、学会做人”，丰富和完善了学生的价值观，使他们的身心得到健康的发展。②

在后续的研究中，高校野外生存开展的研究主要集中在以下几个方面：

第一，高校开展野外生存教育的意义。该类研究指出野外生存教育对学生生命教育、生存教育和生活教育的开展具有重要意义，是大学生素质教育的有效途径，对大学生心理健康、身体健康具有积极影响，能够提升学生自我意识、自我管理能力，提高团队凝聚力，促进人的社会化发展。

第二，大学生野外生存教育的内容选择、项目安排及高校野外生存教育实践研究。众多研究从各种不同区域、地形、环境，如山地、丛林、江湖、海岛、冰雪等环境对野外生存的开展内容、组织形式、

①许方龙，宾洲．高校体育教学中开展野外生存教育的可行性[J]．上海体育学院学报，2003，27(5)：95－97．

②姜丽．我国普通高校开展野外生存生活训练课程的价值取向[J]．南京体育学院学报，2003，17(6)：153－154．

教学方法和手段进行了研究，还有部分研究根据区域特点，结合学校野外生存的主题进行实证研究，提出了发展策略。

第三，大学生野外生存教育的安全问题。该类研究从防范与救护角度对各种地形、各种野外生存项目中的安全问题进行了分析，提出了安全保障策略。

第四，野外生存训练基地的研究。该类研究是对野外生存训练基地的建设及发展模式进行研究。如秦岭北麓山地野外生存训练基地研究、大学生高原野外生存生活实践教学营地建设模型研究——以四姑娘山景区为例、浙江大明山大学生野外生存生活训练实验基地建设等。

(二)关于学校拓展训练的研究

研究资料显示，拓展训练(outward bound)起源于二战时期欧洲的生存训练，是一种具有独特创意的特殊训练方式，它经过半个多世纪的推广、创新和发展，目前已成为学生、军人及工商企业管理者等众多领域人员参加户外训练的首选内容，也是国外户外教育的重要内容。自20世纪90年代拓展训练传入我国，我国部分高校就将它引入体育课堂。近年来，拓展训练更在我国各大中城市快速发展。

我国对于拓展训练的研究多集中在学校教育系统，而在这些研究中多数集中在对高校拓展训练的研探上。在对拓展训练的研究中，体育课与拓展训练的融合是学者们重点探讨的内容，研究从最初拓展训练融入体育教学的可行性探讨，发展到对拓展训练成为体育课程的实践研究，再发展到从一般学生开展拓展训练到体育专业学生开展拓展训练的研究。

2003年，张亚琪在《关于将拓展训练引入大学体育课的思考》中提出了拓展训练引入大学体育课的若干设想。2004年，于振峰在《关于将拓展训练融入体育教学的理论研究》一文中更加详细地论述了拓展训练进入体育课的价值和意义，分析了拓展训练与体育教学的相互关系，提出体育课与拓展训练的结合将成为体育教学改革的方向和发展趋势。

2007年，钱永健在《北京大学拓展训练课程设置与开展效果的分析研究》的学位论文中，以北京大学拓展训练课程为例，论述了北京大学拓展训练课程教学内容的选择、教学目标的设定、教学方法的总结、教学模式的探索，对教学效果进行了分析。北京大学拓展训练课设定了运动参与、运动技术、身体健康、心理健康、社会适应五大教学目标，重点对身体运动能力、心理健康水平和综合职业素养进行了针对性的训练。北京大学拓展训练课程的实施对其他高校开设拓展训练课提供了借鉴，为高校开展拓展训练提供了理论和实践依据。① 2010年，李金芬在《高校拓展训练课程教学体系的构建》一文中提出拓展训练课程的开设符合高校体育课程建设、发展方向，研究从教学目标、教学内容、课程实施方法、教学方法等方面对高校拓展训练课程教学体系进行了构建。②

高校拓展训练的研究还集中在拓展训练在高校开展的价值与意义，主要从对大学生心理健康的促进和能力培养方面进行论述。研究者认为，拓展训练可以培养大学生良好的心理素质、坚强的意志品质，促进心理健康，培养团队精神；能够挖掘大学生潜能，培养学生自信心、沟通能力、社交能力，增强社会适应力；能够培养学生创新意识，开发想象力，提高学生应对问题、解决问题的能力；有利于学生形成积极进取的人生价值观。

另外，还有对高校拓展训练的安全问题进行的专门研究，研究从拓展训练的内容选择、组织管理、师资培训、保护救援等方面对安全问题进行了深入分析。其中较具代表性的是李正贤的《高校户外拓展训

---

①钱永健．北京大学拓展训练课程设置与开展效果的分析研究[D]．北京：北京体育大学，2007.

②李金芬．高校拓展训练课程教学体系的构建[J]．上海体育学院学报，2010，34(1)：80－82.

练课程安全问题研究》，文章从安全理论角度出发，从拓展训练课程切入，分析、探讨拓展训练课程可能存在的各种安全隐患，提出了安全体系的建立原则，构建了拓展训练的安全体系的框架，为安全、有效地开展高校拓展训提供了经验借鉴。①

拓展训练在基础教育中的研究成果较少。但早在1997年，陈建翔就在《谈谈拓展训练及其对我国基础教育的启示》的文章中提出，拓展训练这种相对陌生的教育形式，是我们基础教育亟待了解和借鉴的。该文的观点对于长期受"应试教育"困扰下的我国基础教育具有很强的冲击力，有利于"应试教育"向"素质教育"的转变。② 方配素、栾乐萌就拓展训练对儿童自我意识的影响进行了研究，该研究选取年龄8～16岁、平均12.6岁的儿童为实验对象，探讨经过拓展训练的少年儿童自我意识变化程度和拓展训练对儿童自我意识发展的作用。③

值得我们注意的是，对中小学引入拓展训练的研究基本上都停留在可行性探讨和理论层面上，缺乏一些实证性的研究成果和项目推广。

(三)关于学校户外运动的研究

我国学者在学校户外运动研究中，大多把野外生存、拓展训练、定向运动、攀岩等户外运动项目归入户外运动体系中去研究。

1. 户外运动与青少年健康的研究

户外运动是体育的一部分，对青少年的身心健康具有积极的促进作用。由于户外运动具有独特性，学者们也就户外运动对青少年健康进行了专门的研究。操学诚、吴德祖在他们的研究中指出，户外运动

①李正贤．高校户外拓展训练课程安全问题研究[J]．体育文化导刊，2008(10)：98－100.

②陈建翔．谈谈拓展训练及其对我国基础教育的启示[J]．教学研究，1997(5)：54－55.

③方配素，栾乐萌．拓展训练对儿童自我意识的影响[J]．中国临床康复，2005，9(36)：28－29.

有助于促进青少年的身心健康，有利于青少年的全面发展，以户外运动为主要内容的教育已经成为国外青少年学校教育的重要组成部分。该研究还认为，户外运动的推展有助于在青少年中弘扬民族精神，有助于提升我国教育理念，有助于素质教育的开展，有助于解决青少年成长中的问题，可促进我国青少年全面发展。①

2. 高校户外运动的研究

进入21世纪以来，户外运动进入高校的进程日益加快，因此，关于高校户外运动课程的研究成为学者们关注的热点。众多研究从户外运动课程进入高校的可行性与必要性、高校户外运动教学体系构建、户外运动专业人才培养等方面展开。中国地质大学(武汉)是我国最早提出和系统开展户外运动教学的高等学校，杨汉等人以中国地质大学(武汉)户外运动教学为例，论述了户外运动教学体系的构建问题，结合该校户外运动教学大纲、教学组织实施方案，对户外运动的实践效果进行了评定，并对户外运动教学体系的构建进行了深入研究。② 该研究为其他高校开展户外运动课程提供了经验借鉴和实证参考。

随着高校户外运动研究的深入，研究者们开始关注户外运动进入高校体育课堂的问题。张建伟的研究认为，户外运动是对现行体育教学的最好补充，对培养学生身体、心理及社会适应能力具有积极意义；我国高校的师资、场地等软硬件条件都为户外运动进入高校体育课堂提供了坚实的基础。③

2010年，杨汉等对构建户外运动专业人才培养体系进行了研究，

---

①操学诚，吴德祖．户外运动与青少年全面发展[J]．中国青年研究，2006(6)：24－27.

②杨汉，董范，郑超，等．高校体育课程：户外运动教学体系的研究[J]．北京体育大学学报，2005，28(6)：789－791.

③张建伟．高校开展户外运动的必要性及可行性分析[J]．成人教育，2009，29(04)：52－53.

认为户外运动专业人才是我国户外运动健康发展的基础。该研究从中国地质大学(武汉)办学实践对户外专业人才应具备的知识结构、职业素质进行了论述，对户外专业人才培养的课程体系进行了构建，提出了专业人才的培养模式，对人才培养的具体措施进行了阐述。①

孙辉在《我国高校户外运动发展研究》一文中提出，现阶段，我国高校应借鉴国外户外运动的发展经验，将户外运动相关课程建设融入体育学科的专业建设当中；同时提出户外运动在高校的开展不能只局限在体育学科，应辐射和涵盖多学科、多专业；最后提出“三生教育”、环境教育的开展要与户外运动相结合等适合我国高校户外运动本土化发展的思路。

3. 户外安全与法律政策的研究

户外运动场地多涉及江河湖海、山地、丛林等环境，因此户外运动相对于其他体育项目来说，危险系数较高，安全隐患多。安全环节成为制约学校户外运动课程发展的一个重要问题。学者们围绕安全及户外事故所涉及的法律和政策问题展开研究。如郑向敏、吴倩倩的研究通过对我国户外运动安全事故案例的解析，梳理了户外运动安全事故发生的类型，分析了户外运动安全事故的主要成因及其特征，提出了相应的对策与建议。②

鉴于我国户外运动方面的立法缺乏，户外安全事故产生时，责权不明，造成多方纠纷，各方权益不能得到有效保障，因此，在政策法规研究方面，多是对户外运动参与者、组织者权益保证和风险责任的研究和对我国户外运动立法的建议。如刘苏在《我国户外运动法律规制模式研究》一文中提出应借鉴国外经验，从法律角度对适用户外运动的

①杨汉，蔡楚元，刘华荣，等．构建户外运动专业人才培养体系的研究：中国地质大学(武汉)为例[J]北京体育大学学报，2010，33(4)：76－80.

②郑向敏，吴倩倩．我国户外运动安全事故分析[J]．体育文化导刊，2014(3)：47－49.

条件进行检视和规制，建立我国户外运动的法律规制模式，促进我国户外运动立法。①

(四)关于学校户外教育的研究

户外教育在我国文献资料中偶有出现，大多数情况下是在其他研究中涉及相关内容，而篇名以“户外教育”为主题或关键词的研究成果很少我们通过中国知网进行文献检索，截至2022年11月，搜集到相关文献88篇，其中，期刊文献80篇，硕博士学位论文8篇。表1-1列出了相关研究年份和研究文献数量，可见我国以“户外教育”为关键词的研究起步晚，研究多集中在2013年后，这说明我国学者对于户外教育的认识和理解日趋深入，也预示着户外教育研究将成为一个新的热点。

表1-1　以“户外教育”为关键词的研究文献情况

年份	文献数量
1999—2012年	11篇
2013—2014年	15篇
2015—2016年	22篇
2017—2018年	12篇
2019—2020年	12篇
2021—2022年	16篇

在已有研究文献中，部分学者对国外学校户外教育进行了研究。彭文革对美国高等院校户外教育及其专业和课程设置进行了研究，在美国高校中，户外教育涉及的相关专业较多，各具特色，涵盖户外学习、户外领队研究、户外游憩、户外探险教育、公园与旅游、野外生

①刘苏．我国户外运动法律规制模式研究[J]．武汉体育学院学报，2011，45(4)：33-38.

存等领域，培养规格和层次多，课程设置门类广。①

马翼虹对美国当代中小学户外教育实践模式进行了研究，其文章对美国户外教育的概念进行了界定，介绍了美国户外教育的实施背景，梳理了美国户外教育的文化历史渊源及户外教育实施的理论依据，重点论述了美国中小学户外教育的主要实践模式与户外教育活动评价，最后分析了美国中小学户外教育的优缺点，与我国学校户外教育进行了比较分析，为我国学校户外教育的发展提供了经验和启示。②

《国外户外教育的发展及启示》《加拿大：全社会重视户外教育》《加拿大户外教育管窥》《德国户外教育初探》等文献从宏观角度对国外户外教育发展进行了全面分析。研究显示户外教育是国外学校教育的重要内容，国外户外教育风靡，值得我们借鉴。

孙辉、兰自力在《外国高校户外教育专业设置现状分析》一文中对美国、英国、澳大利亚、加拿大、新西兰等国高校户外教育专业进行了分析，从户外教育专业设置、课程设置、师资力量、人才培养等方面进行了研究。此研究对我国高校户外运动的开展及体育、环境、旅游相关专业的开办具有积极的指导意义。③

在我国户外教育理论研究方面，孙辉、兰自力对户外教育的理论基础进行了研究，从理论角度对教育哲学思想、学习原理及多学科知识原理进行了阐释，为我国户外教育实践活动的开展提供了理论依据，具有积极的指导作用。④

---

①彭文革．美国高等院校户外教育及其专业和课程设置研究[J]．体育科技文献通报，2007(2)：10－12，24.

②马翼虹．美国当代中小学户外教育实践模式研究[D]．兰州：西北师范大学，2006.

③孙辉，兰自力．外国高校户外教育专业设置现状分析[J]．体育学刊，2014，21(6)：96－99.

④孙辉，兰自力．户外教育的理论基础研究[J]．中国学校体育(高等教育)，2014，1(11)：50－53.

我们从《缺失的户外教育》《关于幼儿户外教育的思考》《我国青少年户外教育未能继续深入的多纬度分析》《幼儿时期户外教育缺失探析——以我国高校户外教育为例》和《保障学生参加户外教育活动的权利》等研究中可以发现，我国学校教育中户外教育缺乏的现实。这些研究从当前我国青少年成长所遇到的现实问题入手，谈及户外教育的功能和开展户外教育的重要性和必要性，从认识、社会、学校、家庭等方面分析了我国户外教育不受社会、学校重视的原因。

高校是我国教育系统中开展户外教育的试验田。近年来，随着认识的提高，我国部分高校开设了户外教育的相关课程和专业，在以上户外运动的研究中已有体现。吕璐露的研究认为完善户外教育教学内容体系是落实高等教育创新的重要手段，对我国高校户外教育课程教学内容体系构建进行了较为系统的阐述。周红伟、傅钢强对我国高校户外教育教师专业化培训体系进行了研究，认为户外教育教师队伍的专业化是我国高校户外教育规范、快速发展的有效途径和根本方法，该研究从理论上较为系统地阐述了我国高校户外教育教师专业化培养的框架，为我国高校户外教育师资培养提供了理论借鉴。①

三、研究述评

综上所述，国外特别是美国、加拿大、英国、芬兰、澳大利亚、新西兰等国家户外教育发达，形成了不同地域、不同民族特色的户外文化，各国学校和社会户外教育相辅相成，国家和地方对于学校户外教育的开展制定了不同的政策和制度进行保障。它们的户外教育研究起步早，研究成果多，涉及户外教育多个领域并呈现出跨学科研究倾向。国内对户外教育的研究在概念上尚未形成统一的认识，户外教育的范畴与内容界定不清，表现在野外生存、户外运动、户外运动教育

①周红伟，傅钢强．构建我国高校户外教育教师专业化培训体系的研究[J]．南京体育学院学报，2013，27(2)：74－78.

及户外教育等用词混淆、模糊，特别是对学校户外教育所涉及的内容体系缺少系统明确的研究。近年来，国内对户外教育方面的研究主要集中在高校户外运动课程上，研究范围狭窄，涉及领域较少，基本局限在体育运动的范围内。由于我国基础教育中户外教育的缺失，涉及基础教育中的户外教育研究几近空白。同时，国内本书对国外户外教育的研究也较少，且研究内容较为宽泛，对户外教育地位和作用的研究较多，对国外学校户外教育的理念、范畴、课程、实施路径的研究缺乏，急需在这些方面有所突破和创新。

因此，深入研究国外学校户外教育发展情况，详细分析国外学校户外教育理念、政策及课程体系，对于学习和借鉴国外户外教育的先进经验，完善我国学校户外教育课程体系，促进我国户外教育的发展具有积极的意义。但也要注意，国外户外教育经验并不能直接搬到国内，需要进行本土化，只有适合我国国情的才是最好的，积极寻求解决我国户外教育发展问题的正确思路、有效途径，尝试构建我国户外教育科学发展的有效机制是本书的研究目的所在。

第五节 研究内容与研究方法

一、研究内容

本书的研究内容主要包括四个方面：

(1)户外教育的含义、范畴、内容及功能研究；

(2)户外教育的基础理论研究；

(3)对美国、英国、新西兰等国家学校户外教育的发展历程、实施现状、推进路径及政策法规进行研究；

(4)国外学校户外教育的经验及其启示。

本书对国外学校户外教育的研究，除全面梳理、论述学校户外教育的含义、范畴、教育内容、课程方式外，重点考察学校户外教育课程相关内容。在此，需要说明的是，在基础教育部分，户外教育是中小学的必修课程，因此，该部分主要研究中小学户外教育的普修课程、实施路径及相关政策支持。在高等教育部分，户外教育是选修课程，且分散在各相关专业或相关课程体系之中，因此，该部分重点研究高校户外教育专业的课程设置与相关政策支持，并适度兼顾高校户外教育选修课和课外户外教育活动的介绍。

二、研究方法

以问题为导向，本书主要采用文献研究法、历史研究法、访谈咨询法、实地调查法和比较研究法等研究方法。

(一)文献研究法

本书采用文献研究法，对中英文文献资料进行检索，阅读整理后凝缩提炼，提取与本研究密切相关的各类信息资料。本研究的信息来源主要有两个方面：一是在国外相关网站及高等学校所收集的文献资料；二是通过各类中英文文献数据库收集到的国内外学术期刊及硕博士学位论文的一些研究成果。前者是研究分析户外教育课程内容的材料依据，后者是研究户外教育文化、考察户外教育发展的主要依据。本书通过文献研究，对户外教育的本质进行深刻理解，对国内外，尤其是国外学校户外教育的现状与发展展开全面的分析，通过对户外教育文献资料的比对与分析，对国外学校户外教育进行归因、梳理与论述。

(二)历史研究法

在研究户外教育思想、教育理念以及户外教育历史演进的过程中，本书主要采取的是历史研究法，而且对于户外教育理念产生、户外教育内容的分析也或多或少地使用了这种研究方法。

(三)访谈咨询法

本书研究采用面对面交谈、函询及网络的方式，反复访谈、咨询户外领域的专家学者、教师与培训师，听取他们对户外教育的认识，开阔思路、征询观点、检验结果。

(四)实地考察法

研究者利用出国考察的机会分别对澳大利亚和新西兰两国进行了为期两周的考察学习，认识和了解两国的地域特点、民族特色、文化、教育改革及学校户外教育开展的基本情况，为本书的研究提供一些现实依据。

(五)比较研究法

本书在研究国外户外教育思想、户外教育理念、户外教育课程、课外户外教育活动，以及这些研究内容对我国户外教育研究和实践的启示时，采用了比较研究法。本书通过对美国、英国等国学校户外教育的比较，分析各国学校户外教育的不同特征，发现这些因素的差异性，总结先进的户外教育经验，以便提出针对性的建议与措施。

第六节 研究思路与基本框架

一、研究思路

本书的研究思路如图 1-1 所示。

首先，本书介绍了户外教育的研究背景。其次，在国内外文献综述的基础上，本书梳理、分析了国内外户外教育研究概况，对户外教育概念、理念、户外教育的范畴内容及户外教育功能等进行了分析与框定，对户外教育的理论基础进行了论述。本书运用文献研究、历史分析、比较研究等方法对美国、英国和新西兰等户外教育发达国家的学校户外教育情况进行系统研究，重点分析了以上三个国家户外教育的发展历程、基础教育阶段和高等教育阶段户外教育课程设置及户外教育推展情况。最后，在比较和借鉴国外户外教育发展的基础上，立足我国学校教育的现实，本书提出系列建议与发展对策。

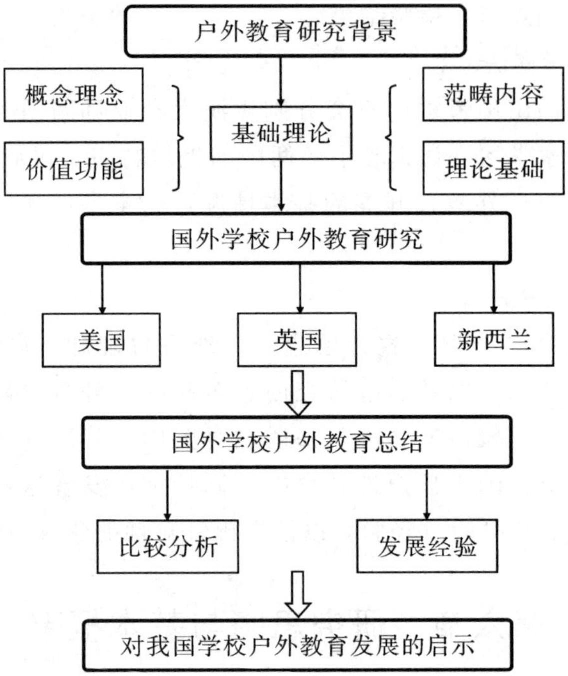

图 1－1　研究思路

二、基本框架

本书研究共分为五个部分。

第一部分是导论。该部分主要是对本研究的总体概述，介绍研究背景、研究内容、研究目的和意义，同时，对研究方法和主体框架进行简要阐述。

第二部分是文献综述。该部分对国内外户外教育相关研究现状与成果进行梳理与归纳，全面了解国内外户外教育的研究进展与成果，找出本研究的空间与切入点。

第三部分是基础理论分析。该部分主要是对户外教育有深刻影响和作用的几种经典的教育理论，包括自然主义教育、人本主义教育、经验主义知识论、实用主义教育及多元智力理论等进行分析研究。

第四部分是对美国、英国、新西兰等国家学校户外教育进行系统研究。本书主要对各国户外教育的发展历程、基础教育阶段的户外教育、高等学校的户外教育进行研究，全面梳理各国户外教育发展历程与成功经验。

第五部分是经验借鉴与发展启示。该部分主要是通过梳理和分析国外学校户外教育发展脉络、户外教育理念及学校户外教育实践历程，立足我国国情，积极吸收国外户外教育的发展经验，为我国户外教育的发展提出建议和对策，促进我国户外教育发展。

第二章　户外教育的理论基础

第一节　户外教育的概念界定

概念作为一项研究的逻辑起点，理应较为明确和统一。由于户外教育研究起步较晚，研究不成熟，不同学者从不同的研究目的出发，在不同视域下对户外教育进行了不同的诠释，可谓仁者见仁，智者见智。

一、国外户外教育概念概述

从国外相关研究来看，户外教育概念主要有教学场所说、学习方式说、课程内容说、目的说等。

1. 教学场所说

教学场所说侧重于从户外教育实施场所来界定户外教育，是主要学说之一，获得了大多数学者的支持。例如，1956 年，美国户外教育倡导者劳埃德·布格斯·夏普（Lloyd Burgess Sharp）认为，户外教育是在户外进行教学活动，适合于任何学科、任何年级的学生，能够提高学生的学习效果。[①] 1958 年，美国户外教育学者乔治·唐纳森认为，户外教育就是发生在户外的教育活动，开展有关户外的教育，以及为户外而教育[②]，等等。

---

①蔡居泽．户外教育的涵义及其发展之探讨[J]．公民训育学报，1996(5)：283－302.

②DONALDSON G E，DONALDSON L E. Outdoor education：a definition[J]. Journal of health，physical education，recreation，1958，29(5)：17－63.

2. 学习方式说

学习方式说也得到部分学者的支持。美国学者刘易斯(Lewis)在归纳前人研究成果的基础上从发现式学习原则出发对户外教育作出全新界定，认为户外教育是参与者为了实现户外教育目的而直接使用感官(视、听、嗅、触、味)进行观察和知觉的一种直接的、简单的学习方式。西蒙·普里斯特认为，户外教育只是一种学习方式，是一种在户外进行学习的方式，是一种体验式的教育方式。其学习过程是一个“做中学”的过程，是人体所有感官系统参与探索人与自然关系的过程，户外教育涉及多学科知识内容，涉及人与人、人与自然的关系教育。探险教育和环境教育是户外教育的两种主要途径。①

3. 课程内容说

课程内容说是美国国家教育协会于1970年对户外教育作出的明确界定。该协会指出：户外教育不是一个单独科目，而是所有学校科目、知识与技能的综合。② 开展户外教育并不是要将户外教育作为一个单独科目搬到户外来实施该课程，而是学校所有的科目教学都可以在户外得以实施，通过教师人为设计的户外教学环境能够帮助学生更好地理解本学科知识与自然、社会和人们生活之间的关联，进而促进不同学科之间的交叉融合，使青少年学生形成良好的生活体验。福特(Ford)、菲莉丝(Phyllis)对户外教育的研究中对唐纳森提出的户外教育概念进行了评定，并指出户外教育内容可分为不同导向，如野外生存导向、环保导向、休闲导向等③，并从环保教育、生态教育、探险教育、体验

---

①PRIEST S. Redefining outdoor education: a matter of many relationships[J]. Journal of environmental education, 2010, 17(3): 13 - 15.

②同①.

③AKDINS, SIMMONS, BORA. Outdoor, experiential, and environmental education: converging or diverging approaches? [EB/OL]. [2022 - 10 - 25]. https://files.eric.ed.gov/fulltext/ED467713.pdf.

式教育、户外游憩对户外教育的外延及其相互关系进行了解析。拉宾认为：户外教育是丰富课程的一种手段，其学习课程发生在户外。阿德金斯等进一步解释，户外教育、体验式教育与环境教育相互联系又彼此不同，都有其特定的含义和内容，三种教育内容难以简单地进行剥离，它们所涉及的目的和焦点极其相似，但每一种教育的关注点则有所侧重、有所不同。

4. 目的说

目的说侧重于从户外教育目的来阐释。福特等认为，户外教育是一种专注于户外，促进人们户外生存、生活知识获得、技能形成的教育，培养人们积极向上的人生观。① 尼尔认为：户外教育是一个国际性的体验教育现象，人们通过从事户外冒险活动，从而增加个人、社区与环境的互动。概括来讲，户外教育对人的影响是全方位的，不仅促进人的身心全面和谐发展，而且能够增加个人、社区与环境的互动。

二、国内户外教育概念概述

在国内，尽管研究成果相对有限，但学者们对户外教育概念的认知体现了较高的层次和水平，现有研究侧重从学习方式说、活动说和目的说的角度对户外教育加以界定。

1. 教育方式和教育过程

丁锦宏认为，户外教育是一种教育方式和过程，利用户外的环境进行，目的在于加强或补充学校课堂教学的不足，它具有学科整合的特点。② 吕建政指出户外教育中的教学，大体上是以学生为中心，注重学习的活动化与游戏化，强调“行以求知”。

---

①ADKINS, SIMMONS, BORA. Outdoor, bxperiential, and environmental education:converging or diverging approaches?［EB/OL］.［2022－10－25］. https://files. eric. ed. gov/fulltext/ED467713. pdf.

②丁锦宏．教育学基础［M］. 北京：高等教育出版社，2009.

2. 健康教育和治疗活动

李义男认为户外教育的内涵是由户外宿营的生活技能和经验、自然环境的研究到综合个人身心健康的教育与治疗活动。王正宇认为，户外教育的含义与范围不限于任何一个学科，任何一个年级，是一个整合各学科的认知、情感、技能的学习活动。学生通过户外教育的课程活动，以多种感官直接体验的方式来达成各项教学目标的综合性教学，能与学校课程达到相辅相成的效果，而且能带动学生社会人际关系的发展。

3. 人与人、人与社会、人与自然和谐发展的教育

李昆山认为，户外教育是教育者利用教室外的自然或人为资源，提供给学生实际观察和体验机会，从而提高学习动机和兴趣，促进学生成长与社会发展，有助于对特定主题内容(如环境、地球资源等)的了解。郭正煜的研究认为，户外教育涵括整个大自然的环境，个体与环境中各项因子的交互作用为户外教育的内容，教育宗旨是培养个体积极面对挑战与处理事件的能力。黄瑞成的研究则认为，户外教育是指将自然生态环境作为教学场所，进行有目标、有系统的教学活动，以培养学生对环境的尊重与关怀，进而将环境行动落实到日常生活中，以达成环境教育目标的实现。

基于上述分析，要想给户外教育下一个放之四海而皆准的概念是十分困难的，也不现实。为此，本书结合前人研究成果，根据本土化实践和研究需要，尝试对户外教育进行界定，认为户外教育是一种专注于户外，利用山地、草原、丛林、江河湖海等自然环境资源，或一些人造环境与户外设施，促进人们户外生存、生活知识获得、技能形成的教育以及社会人际关系的发展；同时，培养人们对环境的尊重与关怀意识，促进人与自然的和谐发展。

第二节　户外教育的理念探析

一、理念与教育理念

理念源自于实践、面向实践，但又高于实践，是人们理性认识的结果。《辞海》(第七版)对“理念”一词的解释同观念，通常指思想、主意、见解，译自希腊语“idea”。从词源学来看，对“idea”的解释有多种，如主意、念头、思想、计划、打算、意见；想象、模糊想法；理念、理性概念、观念、理解，等等。理念可从一般意义和哲学意义两个维度进行解释，在一般意义上理念可解释为想法、看法、意见或观点等；在哲学意义上，理念可将其解释为观念或学说。教育中对“理念”的理解多从一般意义上展开，即对教育的看法、教育信念等。

理念与观念相互关联，从意念开始，经过不断实践反思的过程逐渐上升到理念层面，只有上升到理性高度的观念才叫作理念。一般认为，理念就是人类经过思考之后，对知觉的信息内容进行加工，生成一种认知过程的突变，从而产生的观念、概念或法则，理念抓住了现象的本质，以及整体与内外的联系。因此，理念是从事物中抽象而得来的普遍概念，是上升到理性高度的观念，它具有概括性、客观性、逻辑性和深刻性等特点。

什么是教育理念？教育理念是什么？已有不少教育工作者对其进行过阐释，众说纷纭、莫衷一是。把哲学领域的理念，拓展、引用到教育科学上，就有了“教育理念”这一概念。有关“教育理念”一词，国内几个权威性的大辞典，如《中国百科全书·教育卷》(1985 年版)、《教育大辞典》(1990 年版)、《中国百科大辞典》(2001 年版)，均未见收录其相关的词条。但近年来，“教育理念”一词却时常出现在国内一些专业学术期刊和报纸上。在教育学场域内，人们对教育与人、教育与自由、教育与知识、教育与民主、教育与道德、教育与公正等主题理念进行不断实践、演绎与升华，不断诠释新的教育理念、教育思想与教育理想。概括各种观点，对教育理念的理解不外乎以下三种：第一，教育理念是人们对教育实践现象理性认识的结果；第二，教育理念是人们对教育理想的不懈追求；第三，教育理念是面向教育实践的。总体而言，教育理念是人们对教育的理性认识，它面向教育实践，表达教育理想。① 综述以上观点，本书认为教育理念就是人们在长期教育实践过程中对教育现象及其规律的客观理性认识，是教育应该达到的理想境界和应该遵循的发展要求。

二、户外教育理念

户外教育作为教育的组成部分，户外教育理念与教育理念一脉相承。户外教育理念是人们对户外教育实践理性认识的结果，面向户外教育实践，引导并指导户外教育实践，包括户外教育使命、户外教育宗旨、户外教育理想、户外教育目标、户外教育要求、户外教育原则等内容。户外教育理念可从以下方面理解。

其一，户外教育理念源自户外教育思想，是户外教育思想引领下的户外教育实践活动理性思维的阐述，是户外教育活动开展及功能实现的保障。

其二，教育理念和环境教育思想深刻影响着户外教育理念。环境教育与户外教育虽然探讨的范围不尽相同，但却有着密切的关系。西方发达国家也将户外环境教育视为户外教育的最广泛的范围。

其三，户外教育理念的形成得益于户外教育的快速发展。20 世纪 20 年代夏普和朱利安(Julian)等人受杜威教育思想的影响，开创了户外教育，它同自然研究有着相同的教育目的，是丰富和拓展课程的一种重要途径。户外教育独特的价值和功能，以及户外教育的快速发展为户外教育理念提供了支撑。

①韩敏．教育理念的价值及其实现[D]．太原：山西大学，2010.

第三节　户外教育的范畴解析

户外教育能够激发学习，丰富和拓展学校课程，把户外作为学生学习知识、技能，满足兴趣和追求的"实验室"，它实现了许多学校课程教育中室内教育无法实现的教育教学目标。在通识教育背景下，户外教育很难有一个客观准确的定义，因为这一术语包含了各个领域的内容和活动、各种各样的学习经验，而且这些经验贯穿于学校课程的各个环节，所以不同视角下的户外教育有着不同的含义。通俗地讲，户外教育即"户外"+"教育"，组织教育的内容在户外实施。1958年，美国户外教育学者唐纳森所提出的户外教育概念"户外教育就是在户外教育，有关户外的教育，以及为户外而教育"，对户外教育的发展具有划时代的意义，但从现代户外教育发展来看，这一概念中的户外教育范围略显宽泛，需要人们做进一步的探讨。英国教育学者史密斯(Smith)认为，户外教育的内容主要包括户外探索、户外研究和户外生活体验等三个方面。

一、户外探索

户外探索是在户外开展的徒步旅行、定向越野、爬山、山地自行车、露营、穿越、自行车环湖等户外活动，这些户外活动通常带有某种挑战甚至有一定危险性，对技能要求较高，而且可能需要离家在外生活一段时间。这种活动带给学生对环境的体验，达到认识真正的生活环境、五育均衡的自然学习、锻炼体魄、形成自我等身心健康成长的目的。户外探索是目前学校教学里最欠缺的教育活动，需要政策性引导，或制度性安排，也是家长们可以参与的，并积极推展的户外体育教育活动。同时，户外探索也是学生举行"成人礼"的一种有效方式。

二、户外研究

户外研究是指人们对户外教育的现象、本质、规律等进行的无穷尽的观察、发现和感知，是一个认真提出问题后，以系统的方法寻找答案的过程。户外研究已成为教育学、地理学、人类学等学科重要研究范畴之一。在教育学领域内，户外研究如能与学校课程有机融合，坚持以学生发展为中心，就能有效提升学生学习效果。户外研究主要借助国家相关单位，如国家森林公园、自然教育中心、风景区、科研单位，民间团体，如户外运动协会，健身步道，社区场地及民间游乐区等共同完成。在这一过程中，教师经由研讨、学习的方式来提升其教学能力，学生通过户外研究能有效地掌握一些自然学科的理论与实践知识。

三、户外生活体验

户外生活体验是让学生在精心设计的户外生活情境中去体验学科与生活、社会、自然的联系，促进学生全面发展并为将来更好地工作、生活做准备。在发达国家学生大多在假期里参加“工作假期”和“工厂实习”等获得生活体验，同时，学生也广泛参与由学校，或社会户外教育机构组织的夏令营、冬令营，以及其他类型的社会实践活动，以提升其社会适应能力。

与此同时，户外生活体验也受时代发展与教育改革需要的影响。正像尼尔所言，在确定户外教育范畴时，不宜仅从字面上解释，应多考虑地域特点和各国教育发展的实际需要。总体来讲，户外教育具有以下几个共同特点：

(1)利用户外环境资源进行学习活动；

(2)运用人体感官创造直接经验；

(3)允许学生自主探索并发展自己的学习风格；

(4)整合学科的跨领域学习；

(5)创造从社会互动中学习的机会；

(6)让学习者了解自身与环境间密不可分的关系。

若将这些特点放在学校教育这个特定的背景下，户外教育的含义与意蕴又如何体现呢？学者黄茂在认为，户外教育泛指教室外活动，让学生能在真实的情境中，通过身体感官的直接运用，探索与环境中的人、事、地、物产生交互作用，以丰富学生的主体经验，促进认识自我的能力，建立自我和社群的关系，并维持自我和环境之间的友善关系。由此可以看出，学校户外教育应同时与学校特定的主题、学科或领域相结合，以协助学生获得整合性的学习经验。

就学校课程科目而言，户外教育有以单科课程内容为主的设计，也有以数个科目科际整合的设计，此外，还有以学校科目内容以外的课外知识补充为主的设计，体现在以下几个方面：

(1)户外教育是学校课程规划的一部分，可与学校特定的主题、学科、领域课程结合起来，起到相辅相成的作用；

(2)户外教育可结合单一领域，作为达成领域课程目标及提升学习效益的方法，如自然科学、社会、人文、艺术和体育等课程和领域；

(3)户外教育更可用于跨领域的整合式课程设计，以促成学生统整性的学习效益，如学校的弹性课程或学校校本课程。

尽管户外教育可以协助达成学科的课程目标，但相对于知识架构与概念学习的课堂教学，户外教育更大的优势在于促成学生进行整合性的学习。户外教育所具有的情境脉络，可使学习生活化，让学生能整体而弹性地运用或创造知识。就内容的性质而言，学者基思·麦克雷(Keith McRae)则将户外教育内容区分为户外教学与学习、户外环境教育、户外休闲与户外运动教育等不同的内容。

第四节　户外教育的模式构建

户外教育含义复杂、范围广泛，因而，户外教育的课程类型较多，表现出多样化的特征。因此，我们很难制定出与户外教育一致性的课程。学者兰(Lang)分析了取样自加拿大三个省及美国七个州的二十余门学校户外教育课程，根据分析结果，兰指出户外教育的课程大致有五种模式。兰的户外教育课程模式具有较高的代表性，详见表 2-1。

表 2-1 兰的户外教育课程模式及其特色

课程模式	课程目的	特色
传统学科模式	通过户外学习来加强、加深或验证各个学科原有的知识或概念	户外教育变成各科教师的教学方式方法之一
主题/概念模式	将几个学科的知识技能，综合运用在所选定的学习主题上，激发学生学习的主动性、积极性和求知兴趣	不同学科的有机整合，学习方法新颖、更具趣味性和创造性
环境/生态研习模式	提升环境自觉，认识环境生态原理，了解人与环境之间的关系，强化环保意识、信念与行动	极端的环境取向，文化自觉、环境自觉
野外探险模式	通过野外探险活动的历程，参与者对自我、他人及人与自然的关系有完整而深刻的体验，从而发展出自尊自重、民胞物与、天人合一的品格	高难度、冒险性质的活动加强心灵的体验与体力上的挑战
学校露营模式	提升学习兴趣，促进身心健康，培养户外休闲活动的兴趣、技能，体验团体生活，增进师生、生生之间的相互了解，建立良好的人际关系	发展学生潜能，养成良好习惯，培育团队意识

以上五个课程模式彰显了户外教育课程的多样性。户外教育课程不但提升了学生的环保意识，也极大地充实了学校课程内容，传授了户外休闲、野外生存的技能，提供生活及社会化经验。

第五节　户外教育的主要理论

一、自然主义教育

自然主义教育思想自诞生以来尽管饱受争议，但也受到广泛推崇，即使发展到今天，自然主义教育思想仍然以很强的生命力和穿透力对当代教育发挥着指导作用。随着时代变迁和社会发展，“自然”已从本源性含义演化出多种解释，但是无论如何演化，都是以根本性含义为基础的演化。何为自然？英文“nature”的解释有两种，第一种是“本原”，如亚里士多德明确把自然定义为运动和变化的本原；第二种是“集合”或“世界”或“宇宙”，如高尔吉亚明确把自然定义为自然界中的自然物及其秩序，第二种含义是第一种含义演化的产物。① 亚里士多德在《形而上学》中指出，一个单词可能有多种不同的解释，但其中只有一个是最深刻、最准确的，其他解释都与其相关、相近或相似。从这种意义来讲，“自然”的根本性含义就集中在“本原”和“宇宙”上。

哲学家们对“自然”的认识的演化与深化形成了自然哲学流派，任何一种对“自然”的解释都只是处于当时语境中才是最合适的，对“自然”发展性的解释并没有脱离对自然本原性的内涵，但又被赋予时代性内容。教育思想的出现深受哲学观的影响。约翰·杜威(John Dewey)曾经说过，“哲学就是教育的最一般方面的理论”，“教育乃是使哲学上的分歧具体化并受到检验的实验室”。②因此，自然主义哲学思想是自然主义教育思想的理论基础，自然主义教育思想即以历史上的自然教育

①黄英杰，王小丁，张茂恩．西方自然主义教育思想的嬗变与和合[J]．西华师范大学学报(哲学社会科学版)，2009(6)：92－97.

②杜威．民主主义与教育[M]．王承绪，译．北京：人民教育出版社，2001：348，350.

现象和问题为研究对象。[①] 自然主义教育思想既与户外教育理念有许多共同之处，自然主义教育思想所蕴含的智慧、理念和方法也对户外教育产生着深刻影响。

由于人们对“自然”理解的深化以及与之相伴的“自然观”的演化，自然主义教育思想也经历着不断的发展进化。通过梳理教育发展史不难发现，自然主义教育思想的内涵和精华可表现在以下方面。

第一，自然主义教育是“自然的”或“科学的”教育。卢梭倡导教育必须回归自然，强调教育应顺应儿童的天性，教育应以培养自然人为主要目标。裴斯泰洛齐(Pestalozzi)继承和发展了卢梭的教育思想，他认为，所有教育应以自然为基础，适应并遵循自然规律。裴斯泰洛齐说：“大自然对我们来说才是最可靠的，能指引我们去获取真理和智慧。儿童跟随自然的能力是不可估量的。”[②]

第二，自然主义教育是顺应儿童“天性的”教育。自然主义教育思想强调教育应遵循自然天性，也就是说，在教育过程中，要求儿童在自我教育及健康成长中争取主动地位，而教师只需在教育过程中提供或创造良好的学习环境、防范不良因素的影响。卢梭认为，教育需顺应儿童成长的各个自然阶段，教育的内容与手段要符合儿童的年龄特征，以及以培养自然人为主要目标。在教育的整个环节与过程中，用“事物的必然性替代理性说教来教导学生”。[③]

第三，自然主义教育是将“科学的”教育与“天性的”教育引入“社会生活”的教育。教育既要传授科学文化知识，也要根据儿童青少年的身心发展规律，将两者结合起来服务于青少年未来的生活。

---

①刘黎明.论西方自然主义教育思想的当代价值[J].中国人民大学教育学刊,2012(3):137-154.

②裴斯泰洛齐.裴斯泰洛齐教育论著选[M].夏之莲,等译.北京:人民教育出版社,2001:35.

③谢莹.卢梭自然主义的道德教育思想及其当代启示[J].科学·经济·社会,2015,33(1):34-37.

由此可见，户外教育是在户外、以户外为内容、为了户外而开展的教育活动，既契合了自然主义教育思想中“自然的”或“科学的”教育之内涵，又较好地诠释了顺应儿童“天性的”教育之思想，也迎合了将“科学的”教育与“天性的”教育引入“社会生活”的教育趋势。因此，自然主义教育思想是户外教育开展的重要思想基础。

二、人本主义教育

人本主义心理学源于20世纪50年代的美国，其创始人为亚伯拉罕·H. 马斯洛(Abraham H. Maslow)和卡尔·兰塞姆·罗杰斯(Carl Ransom Rogers)。以心理学家马斯洛、罗杰斯为代表形成的哲学观和教育观被称为现代人本主义教育思想，是从人本主义心理学研究角度提出的。人本主义教育思想主张人自由而全面地发展，要求教育要面向学生的生活，利用多样化的教育方式，培养学生运用知识改善生活的思想意识，并利用教育评价促进学生自由而全面地发展。①

人本主义教育思想认为，教育培养的是“完整的人”，是躯体、情感、心智、精神、心灵力量融为一体的人，也就是知情合一的人。② 该思想主张“以学生为中心”，提倡“非指导性教学”，关注学生个性发展，强调学生积极自我概念和自我意识的培养，重视学生教育参与中的决策过程，提倡学生学习自主，拥有更多的学习自由度。这些思想已被广泛认同，对现代教育产生深刻影响。罗杰斯认为，教育者要创造一个合适的环境，帮助学生发现自我，满足自我实现的需要，使其成为一个完善自我的人。③

---

①苏显春.人本主义教育思想对高等教育的启示[J].教育与职业,2015(26):105-107.

②曾德琪.罗杰斯的人本主义教育思想探索[J].四川师范大学学报(社会科学版),2003,30(1):43-48.

③刘宣文.罗杰斯人本主义教学观述评[J].浙江师大学报(社会科学版),1999,24(2):81-83.

人本主义教育思想对学生学习观和教师教学观都产生了十分重要的影响。人本主义教育思想对学生学习观的影响主要体现在以下方面。

(1)发挥学生在学习过程中的主体地位，鼓励学生积极主动地探索，在探究学习中学会交流与合作，在合作学习中懂得尊重、分享与共同提高；

(2)学生不仅要学习某一学科的知识与技能，还要掌握学习这门学科的方法与技巧，学会学习。

人本主义教育思想对教师教学观的影响主要体现在三个方面。

(1)教师应尊重学生，强调学生的主体地位；

(2)提倡自由探索，充分发挥学生的独立性；

(3)注重对学生情感、态度和价值观的培养。

人本主义教育思想与户外教育理念也高度一致，为户外教育奠定了理论基础。

户外教育的功能彰显出户外教育是在培养知情合一的人，是“全人”教育。户外教育特点是突出人在户外教育过程中的主体地位，满足受教育者自我发现、自我实现的需要，重视个性培养和自我意识的发展。人本主义教育思想所倡导的就是将人格教育和生活教育融于一体，这也正是户外教育所追求的一种境界。

三、建构主义教育

建构主义的哲学起源可以追溯到18世纪的文艺复兴时期，意大利人文、哲学家G. 维柯(G. Vico)被称为第一个能清晰地描述建构主义的人。他在《论意大利最古老的智慧》一书中详细描绘了自己对建构主义的思想。维柯认为人与生俱来就拥有独特的“诗性智慧”，该“诗性智慧”指引着人们以象征、隐喻和神话等形式对周边环境作出反应，因此人是社会、历史的创造者，而在人们创造社会、历史的过程中也塑造了人类自身。此外，其中最值得一提的是德国古典哲学创始人康德，他认为主体无法直接与外部环境相连，人在认识世界的同时也认识了自身，在构建、创造世界的同时也建构、创造了自身。

建构主义极易受哲学思潮的影响，在发展过程中结合了心理学本身理论及认识主义，主要代表人物有让·皮亚杰(Jean Piaget)、列夫·维果茨基(Lev Vygotsky)与杰罗姆·布鲁纳(Jerome Bruner)等。皮亚杰作为认知建构主义的奠基人，他就建构主义提出了四个重要的概念：其一为图式，形成及变化乃认知发展之实质，而认知发展则深受同化、顺应及平衡三因素的影响；其二为同化，即学习个体对刺激信号作出反应及改变的过程，将自身所受的刺激纳入大脑并使之成为自身的一部分；其三是顺应，学习个体通过对自身内部结构的调整以达到对外部环境刺激的适应，自身通过对原有图式的适应或重构进而适应环境；其四是平衡，学习个体在自身调节机制的作用下，推动自身认知水平从一个平衡状态向更高的平衡状态跃迁，在同化和顺应的动态平衡的循环之中持续丰富、提高与发展自身的认知结构。维果茨基作为社会建构主义的创建者，他提出了“最近发展区”的经典理论，强调了社会文化背景在认知过程中对于学习个体的重要性，即个体的学习无法脱离历史与文化的背景，历史与文化对学习个体的发展有着支持与促进作用。维果茨基将个体发展水平的类别分为现实发展水平与潜在发展水平，前者是学习个体通过独立活动所能达到的水平，而后者则是在较成熟的个体帮助下所能够达到的水平，两者之间的区域就是“最近发展区”。布鲁纳作为认知心理学的先驱，他提出发现学习的建构主义教育思想，他认为认知是一个过程，对认识者而言，认识的过程具有积极的意义，若认识者想要将自己面前的知识内化为自身的知识，自身就必须进行发现行动，身体力行地从事构成模式的过程。

建构主义认为，知识是在对真实世界体验的诠释中由个体建构或以社会方式共同建构的。建构主义教育是以学生为中心，重视学生对知识的探索，鼓励推动学生建构发现与知识的意义，并留给学生进行主动、创造性思考的时间，通过搭建教育平台使学生的学习自然地进行。[①]将建构主义教育理念作为指导思想，户外教育要从以下几个方面为教师、课程设计与教学制定符合人与社会内在发展的方向。

首先，重视学生的自主创新能力，以学生为中心进行建构，为学生的自由发展提供良好的环境，同时要肯定教师在教学中的重要作用，避免出现“重生轻教”的错误思想。

其次，要同协作学习形成实践共同体，不仅是学生之间的互动也包括师生间的互动，构建一个有助于互助学习、支持性气氛浓厚的学习环境，而在户外环境中，团队协作的价值愈发凸显，条件恶劣的环境尤甚。

再次，要创新学习环境，正确认识学习与社会背景的关联性，重视学习情景化，一方面，可让学生将新知识与已掌握的知识关联起来进而更有效地掌握新知识，另一方面，学生能更好地体验教学内容中的情感，以改变知识枯燥抽象的固有认知，通过生动形象的知识提高自身学习的积极性。

最后，要关注意义的建构，强调学生在建构主义学习环境中的主体地位，认识到学生是认知主体及意义的主动建构者，学习的最终目的是让学生对知识的意义进行建构。在教育情境的设计中，其情境要对学生所获得的知识的意义建构有积极作用，也要有利于巩固与深化获得知识意义的建构，故而在户外教育开展时，要重视其目标设定中关于人文素养的培育。

四、经验主义知识论

经验主义知识论主张人类知识源于感觉，并以感觉领会为基础，理论不应是直觉或迷信，而应该是建立在对事物的观察上，是通过实验研究后的理论归纳，它优于单纯的逻辑推理。英国人约翰·洛克

①钱俊伟.我国户外教育理论体系建构及实践研究[D].北京：北京体育大学，2016.

(John Locke)在17世纪对经验主义进行了系统阐述，他否定了人与生俱来就拥有知识的观点。他认为探求明白的、确定的知识，仅靠对理性或观念的考察是不能获得的，必须要借用经验来获得知识。①

洛克的经验主义知识论主张知识是发现事物本质从而适应环境的经验，知识获取的主要来源是经验，是客观不变的。因此教育要重视感官训练与直觉教学，注重经验知识的积累。经验主义虽有其局限性，但经验确实在教育中发挥着不可忽视的重要作用。经验是掌握、运用知识的重要手段，是知识获得的必要条件。② 户外教育正是强调参与者直接使用感官(视、听、嗅、触、味)进行观察和知觉的一个直接的、简单的学习方式。很显然，户外教育中的体验式理念与经验主义所强调的重视感官训练和直觉教学，借助直接经验来获取知识是相吻合的，经验主义知识论为户外教育提供了理论支撑。

五、实用主义教育

实用主义教育思想是以实用主义哲学思想作为指导的一种教育思想。实用主义哲学的核心是经验，也可以说，实用主义即经验主义，实用主义高度重视主体人的实践活动，“主体”和“实践”构成了实用主义的两翼。实用主义教育思想创立者，美国教育家杜威以实用主义哲学为基础，提出许多对教育产生深远影响的教育主张，如“教育即生长”“教育即生活”“从经验中学”“学校即社会”“以儿童为中心”等，无不将学校教育的内容与目的投向现实生活，主张学生学习内容和学习目的与其日常生活和社会现实联系起来，教育过程就是生活的过程，这才是学校教育真正有用的地方。

“从经验中学”“做中学”都强调经验的价值，概括地讲，教育就是

①孙辉．户外运动教育功能及其在高校的实现[D]．北京：北京体育大学，2014．
②同①．

“以经验为内容，通过经验，为了经验的目的”。① 杜威认为通过直接经验(direct experience)，个人在成长过程中会产生学习或行为上的改变，也就是说，具体而真实的体验对于个人行为与学习具有重大影响。杜威强调，在教育过程中要以学生为中心，为了培养学生成为社会需要的人，就要将学校教育与社会生活紧密联系，强调实践对学生学习的重要性，与学生生活相联系的实践知识才是最为重要的知识。在教育实践中，要充分考虑学生的兴趣特点与生长需要，使学生成为活动的主体、学习的主体、生活的主人。

不可否认，实用主义教育思想由于过于强调以学生为中心和对学科体系的系统性、完整性强调不够而同样受到质疑和批判，但这并不影响其积极的教育价值，如强调学生所学知识与技能要与其生活相联系，突出学生学习的主体地位，以及强调知识与技能的实用性、有效性和工具性等都对当代教育有着重要的启发意义。事实上，户外教育是十分强调“在做中学”的教育，鼓励学生在参与户外教育过程中积极探索，体验生活，理解人与人、人与自然、人与社会、人与生活的关联。

六、多元智力理论

在心理学领域，对人类智力内涵的解释和智力结构的探讨从来没有停止过，从智力一元论到智力多元论。20 世纪 80 年代，美国教育家、心理学家霍华德·加德纳(Howard Gardner)在《智力的结构》一书中提出了人的几种智力，分别是语言智力、逻辑数学智力、音乐智力、空间智力、身体运动智力、人际关系智力和内省智力，后来，加德纳又添加了自然智力。② 加德纳强调，要重视建立人与大自然之间的联结。他认为我们曾忽视了与环境的联结，扼杀了这种形式的智能。因

①杜威．我们怎样思维·经验与教育[M]．姜文闵，译．北京：人民教育出版社，2005.

②林崇德．发展心理学[M]．北京：人民教育出版社，2008.

此，普通人的自然属性需要重新获得认可和发展。体验式学习可以说是人性的一部分，教育实践也证明了这一观点。20 世纪 90 年代以来，多元智力理论成为许多国家课程改革的重要依据。加德纳的多元智能理论的内涵可以概括为以下三个方面。

(1)每个个体的智力都是独特的，每种智力的表现形式是多样的，即使同样具备某一种智力也可能表现出不同的结果，如两个都具有较高的身体动觉智力的个体，他们在运动场上的运动表现不尽相同。个体智力结构的多元化和智力表现形式的多样化决定着每个个体都是独特的、个性化的、差异性的，就好比世界上没有完全相同的两片树叶一样。因此，在教育教学过程中，应该尊重个体差异的存在，因人而异、因材施教，采取目标多元、内容丰富、方法灵活、形式多样的教育策略去促进所有儿童青少年的全面发展。

(2)智力体现在解决实际问题和创新的能力方面。以语言智力和逻辑数学智力为基础的应试教育是将语言智力和逻辑数学智力测试集中于“应试”，而对运用语言智力和逻辑数学智力解决实际问题的关注度不够。加德纳的多元智能理论十分强调运用八种智力去解决实际问题或发现新知识或创造新产品的能力，创新能力被提到足够的高度，呼应了现代化国家建设对创新型人才的需求。

(3)外部环境和教育影响、制约着个体智力的发展。虽然说每个个体身上都具有八种智力，但每种智力的发展程度受环境和教育的影响和制约。在户外的教育和在校内的教育对青少年儿童智力发展影响是不一样的，户外教育在发展儿童青少年空间智力、身体运动智力、人际关系智力和自然智力方面具有校内教育不可比拟的优势。

七、体验式教学理念

体验式教学的独特性在于“体验”二字，其教学目标、内容以及该如何开展等均与对“体验”二字的理解休戚相关。体验具有三个特性。

(1)内生性。体验不是由外而内产生的，狄尔泰曾言道体验并非一种外在的、形式性的东西，它是一种独有的、内在的、发自内心并且与生命及生存有着紧密联系的行为，是对生命、人生以及生活的感悟。体验与经验截然不同，经验是个体立足于客观世界，通过感官知觉建立对事物的认知与反映，而体验则是以经验为基础，个体立足于精神世界，通过对事物意义进行自我建构。①不论体验是被视为发自内心并与生命、生存有着紧密联系的行为，还是被视为立足于精神层面的自我建构，其实质都是在强调体验是个体内生的。

(2)整体性。体验是认知和非认知的融合体，也是过程与结构的整合体。从其成分观之，在体验过程中，个体必定是综合运用了情感与知识，且充分调用了直觉与思维，是一种被注入生命意识的经验，也是一种被个性化的知识经验。体验实质上是感性与理性的结合。从其性质观之，体验不但具有动词的意涵，被视为一种认知方式，侧重于个体的内心感受与自身经历，而且有名词的意蕴，被视为一种认知结果，侧重于个体意义的情感态度、知识理解与生命领悟。不论是动词意义上的理解，还是名词意义上的理解，体验都是感性与理性的结合，具言之，在体验过程中，情感与知识、直觉与思维都会积极参与其中，而在体验结果之中，个体也会生成具有独特性的情感与知识。

(3)多元性。体验方式具有多样性，如领悟、反思、亲身经历等，并且强调体验的过程是这些方式的有机统一。“以身体之”是经历，“以身体之与以脑思之”是经验，仅有“以身体之、以脑思之且以心悟之”才能被称为体验。②唯有身、心、脑三者统一才能使主体对客体有着强烈的趋近，并与之有着同一的心理倾向，进而使主体全身心地融于客体中，使客体能以一种全新的意义同主体共同构成新的生命化关系，最终形成不可分割的融合。此种主客体融合的关系即为体验之关键所在，

①石鸥，候静敏．在过程中体验：从新课程改革关注情感体验价值谈起[J]．课程教材教法，2002，(8)：10－13.

②陈亮．体验式教学设计研究[D]．重庆：西南大学，2008.

而身、心、脑三者有机统一则是体验的运行与产生的必要条件，故体验多元性也是体验的内生与整体性对其方式的内在要求。

综上所述，体验的内生性是其本质的提炼，整体性为其形态的归纳，而多元性则是其方式的归结。

由于历史及文化背景的不同，对于体验的理解也有不同，所以体验式教学的理念有明显的差异。

直觉思维与体验思维是我国传统文化中所蕴藏的主要思维方式。老子道家思想中对“无”的体验源于对自然的观察，而孔子儒家思想中对“仁”的体验则更多源于人类社会，两者虽大有不同，但均与体验有着紧密的联系。既然传统文化源自于体验，那么有关其传承的教育活动就不能脱离体验，中国古代教育对体验在教学活动中的作用尤为重视。在先秦时期，孔子认为教学不仅是教师传道授业的过程，而且是学生学习知识的过程，教应以学为基础，学习过程分为三个环节，即学、思、行。孔子强调在学习知识的过程中不断地进行思考，有自己的感悟与收获，并将自身的感悟与收获应用于日常实践之中，而后在实践过程中不断进行体验、思考、感悟，进而生成新的知识，得到更大的发展。为使学生的学、思、行能够更有效地开展，孔子认为必须重视学生的自主性，结合学生的内在需求与兴趣来进行教学，他主张启发诱导与内省的教学方法，如他提出的“不愤不启，不悱不发，举一隅不以三隅反，则不复也”等。只有学生主动地去学习，进入积极思维状态之时，才能有效地受到教师的启发诱导。

实证思维与逻辑思维则为西方文化中所蕴藏的主要思维方式。西方文化中有着丰富的体验思想，教育中有着独特的体验式教学思想，卢梭的浪漫自然主义与杜威的经验自然主义在体验式教学思想中最具代表性。卢梭的浪漫自然主义教育蕴含着丰富的体验式教学思想，他在教学目标上不注重儿童对知识掌握量的多少，而更关注儿童是否对学习有兴趣以及是否具备判断力与观察能力，旨在使儿童养成独立自主的人格，能更好地运用真理，真正地拥有属于自己的知识，而不是在长期灌输知识、强加真理的过程中逐渐对权威形成依赖，而变成一个没有自主性与独立性的人。卢梭认为欲使儿童发展成有独立性与自主性的人，能够拥有自己的智慧与知识，就必须让儿童在大自然中、在社会生活中接受教育，他强调通过知识学习来发展理性、自主的人格。杜威的经验自然主义也是以儿童为中心，重视儿童的身心发展，但较卢梭的浪漫自然主义，杜威看到了卢梭对间接经验学习的忽视，故其在教学活动中既强调自然环境的重要性，也关注人为环境在教育中的作用，即不仅强调直接的自然经验的获取，也对间接的经验的吸收有着深刻的认识，将儿童在环境中的亲身经历与理性反思都放在了较高的高度上。杜威以经验为突破口，消解了此前卢梭式教学的二元思想，构建了以“做中学”为核心的教学体系，既重视儿童的实践操作，又关注儿童在实践中的理性反思。

在对“体验”与“体验式教学”的深刻认识与理解下，结合当下的户外教育，体验式教育之于户外教育主要体现在两个方面。一方面体验或教育是学生在实践中自我经验与理性反思的动态生成，重视学生学习的过程，改变以往传统的知识灌输的教学方式，从“授人以鱼不如授人以渔”的教学理念向“由人以渔”转变，把亲身体验、发现、经历且探索研究的空间交回给学生，给他们更多的选择空间，让其主动求知。户外教育要求教师不再是以专家、权威的身份参与到教学过程中，而是转变为组织者协调者鼓励学生参与到学习之中，对学生采取更为开放与宽容的态度，不再像以往一样通过权威灌输真理，而是帮助学生发现真理。另一方面，体验式教育注重学习过程中经验的连续性与交互性，重视学习过程中的“以身体之”“以脑思之”与“以心悟之”的有机融合，只有连续性与交互性的经验才是有价值的。户外教育并不是单纯为了去户外运动才开展的，其落脚点最终还是在教育上，其意应为通过户外的经验，促进人自我内在及社会建构，达到人与社会的全面发展。

第六节 户外教育的功能

功能是指事物或方法发挥的有利作用。功能的内涵体现在两个方面：第一，功能是事物或方法内含的，作用于其他事物时产生的有效作用；第二，功能通常处于潜在状态，潜在功能需要事物或方法与其作用对象产生关系才能够发挥出来，因此，功能的实现是有条件的。①

户外教育的功能，是指户外教育活动对人和社会所发挥的有利作用或效能。人的发展包括生理和心理两个方面。生理方面，人的发展是指个体的自然形态和组织器官及机能的发展。心理方面，人的发展是指人的心理过程和个性心理的发展，如认知、情感、意向、人格等。社会发展的实质是社会实践，因而，从实践的角度来讲，社会发展是人类通过改造世界的活动以满足自身不断提升的种种需要的实践进程。② 马克思指出："社会生活在本质上是实践的。"③

户外教育的功能，主要体现在以下几个方面。

一、具有启智功能

户外教育具有启智功能，有助于人们对知识学习、能力和学习技能的培养。人们在户外教育过程中能有效学习、掌握一定的知识、技能；同时，愉悦的自然环境使人的思维力、记忆力、观察力、想象力等得到有效发展，从而提高人的智力水平。户外教育的自然性特点有助于人们对地理环境知识、天文、动物、植物、气候、地域文化等多学科知识的学习。户外教育实践性强的特点可以培养人的多种能力，

---

①孙辉．户外运动教育功能及其在高校的实现[D]．北京：北京体育大学，2014.

②邱耕田．社会发展：涵义、结构和功能[J]．学习与探索，2001(1)：18－23.

③中共中央马克思恩格斯列宁斯大林著作编译局．马克思恩格斯选集：第1卷[M]．北京：人民出版社，1972：18.

如在一定组织形式下的户外教育活动对发展人的身体素质、运动能力、人际交往能力、创新精神、组织管理能力等方面具有积极作用。户外教育活动体验能强化学生在课堂中学到的知识。教师通过组织户外活动能将课本中的知识变得生动起来，学生置身大自然的环境中，可以通过视觉、听觉、触觉和嗅觉感知外界事物。与教室中的学习相比，户外教育给予学生直接体验的机会，更能够激发学生学习的兴趣、热情，激励学生在学习中取得突破性进展。① 户外教育有助于提高学生的学习技能。户外教育强调多样化的学习方式，学生通过亲自参与活动和观察他人的活动，不断锻炼各方面的技能。有研究显示，户外教育在提高学生的探知、实验、反馈、合作能力等方面有着显著效果。② 学生对户外接触到的事物往往印象深刻，这有助于加强他们的长期记忆。

此外，研究表明，田野调查和户外访问会强化学生的情感和认知之间的关联，两者相互影响使学生的学习能力上升到更高层次。研究也发现，那些在教室课堂中表现很差的学生在户外环境中却能表现很好，他们展示出更高的学习热情和学习能力。③

二、强化人的自我概念和自我效能感

户外教育能够强化人的自我概念和自我效能感，促进人的个性和社会性发展。自我概念是指对自己的描述和形容，由对自己的信念和态度所构成，包括对自我的正面和负面的评价。“理想的我”与“现实的我”之间的差距越小，自我概念越强，两者的差距越大，自我概念越

①FRUMKIN H. Beyond toxicity：human health and the natural environment[J]. American journal of preventive medicine，2001,20(3):234－240.

②GREENMAN J. Caring spaces，learning places：children's environments that work. [M]. Redmond:Exchange press，1988.

③BRUSSONI M,OLSEN L L,PIKE I,et al. Risky play and children's safety：balancing priorities for optimal child development[J]. International journal of environmental research and public health,2012,9(9):3134－3148.

弱。自我概念弱的人没有自信，在潜意识中认为自己始终是失败者，习惯于逃避困难，对知识学习缺乏兴趣。通过户外教育中的探险活动，学生增强了自我概念，对自我有更多正面的评价，变得乐于接受挑战，积极面对困难，会追求学问。

自我效能感是指一个人肯定自己的一种信念，即“我可以做到”的信念，是个人主观地对自我应对事情能力的评价。自我效能感弱的人对自己没有信心，面对困难往往选择放弃，而自我效能感强的人则会用尽一切办法努力去实现目标。设计合理并有效实施的户外教育活动能够提供给学生更多尝试的机会，学生有更多圆满完成任务的经验。这些成功经验有助于提升学生的自信心，从而促进学生在学业上的进步；而当学生变得自信且快乐地学习时，学习效率会更高。美国研究机构进行的一项针对户外教育对学生个人技能和社会技能影响的研究表明，户外活动在冲突解决、自尊、合作、领导力和师生关系五个方面会对学生产生积极的作用。参加户外教育课程的学生与同学之间的关系也更加融洽。①

三、具有德育教育功能

德育功能是教育功能的重要体现，德育的本真是传承民族精神并彰显主流意识形态，其最终价值是培育人格健全、有教养、精神幸福的人。学生的道德品质将直接关系到全民族未来的整体思想道德素质，甚至是关系到国家的命运。目前，素质教育中德育虽备受重视，但在“动之以情、晓之以理、导之以行、持之以恒”的德育教育理念之下，德育与实践经常被割裂开，下意识地被当作纯理性的东西。教师以标准、榜样去规范学生，通过说教的方式试图让其懂道理、讲道理。但

①American institutes for research. Effects of outdoor education programs for children in California[EB/OL]. [2022 - 10 - 26]. https://www.air.org/sites/default/files/downloads/report/outdoor school report_0. pdf.

实际上传统课堂教学模式之中的德育与孩子生活实际已存在脱节，造成孩子的生活自理能力、社会责任意识每况愈下，德育中丰富的知识在实际生活的操作与运用中也显得苍白无力，甚至有的良好的行为因被担心存在安全风险一度被遏止，对一直在象牙塔里成长的孩子而言，德育的实效性无从谈起。

户外教育是突破德育工作瓶颈的有效手段，户外环境是最为真实的生活空间，此中活生生的教材比比皆是，特别是户外体验教育，通过在与山、与水、与高空等自然环境的互动中培养人们自信、果断、勇敢、坚韧不拔和超越自我的精神与意志品质，培养人的集体主义观和团队精神。此外，人们关注和观看运动员的登山、横渡等户外挑战活动，也能够激发爱国热情，增强民族自尊心和自豪感。

四、丰富个人和社会的文化生活

户外教育可以丰富个人和社会的文化生活，促进精神文明建设，提高人们的生活质量。户外教育领域中的许多活动不仅能强身健体，愉悦身心，而且丰富了人们的文化生活。现代社会户外活动已经成为人们业余生活的重要休闲、旅游、娱乐、交友手段之一。它为人类社会贡献了多姿多彩的精神食粮，提高了人类的生存和生活质量。

户外教育活动的娱乐性和趣味性为人们带来特殊体验和与众不同的精神享受，逐渐改变和改善着人们的生存和生活方式。户外休闲与游憩活动作为新兴的现代休闲体育项目同样承载着这种功能，已经成为当今社会的一种时尚。“十三五”时期在全民健身与全民健康深度融合的背景下，户外运动已逐渐成为人民群众喜闻乐见的运动方式，参与人数显著增加，户外运动产业也得到了快速的发展，户外运动产品的供给日益丰富，场地设施不断完善，政策逐渐健全，丰富了人民的文化生活。“十四五”时期户外运动产业更是迎来了新的发展机遇，双循环的新发展格局激活了户外运动产业发展新动力，数字科技应用的不断深化也助推户外运动产品的不断创新和户外运动服务的持续升级，推动户外运动产业稳步发展。

五、培养人的生态环保意识

户外教育可以培养人的生态环保意识，促进生态文明建设。党的二十大报告强调："推动绿色发展，促进人与自然和谐共生。"在现实中生态文明的教育远远不够，其中孩子与自然割裂的教育问题日益凸显。第一，传统教育观中过分崇尚工具理性，以至于遮蔽了自然的内在价值，现代教育以工具理性为主，将人类视为自然的主宰，而自然仅为可利用的工具，对自然之于人类的精神价值等报以漠视的态度，不断向学生传递"以人类为中心"的狭隘的观念，傲慢地将人与自然相割裂。第二，传统教育中学科的精细分化在一定程度上将学生对自然的整体认知割裂开来，目前我国的生态文明教育多是通过学科课程渗透的方式进行的，其中自然教育的内容被分散到各学科中，不仅割裂了生态系统间的整体关联，而且离散了学生对自然环境的整体性认知。第三，传统教育中封闭的知识传递形式在一定程度上阻碍了学生的地化体验，生态文明需要在地化的自然体验，只有置身于大自然之中，才会有对大自然产生应有的敬畏，而现行的教学模式多以"书"为源，采取封闭式的室内教学模式，虽提高了知识的传播效率，保障了学生的安全，但也禁锢了学生的身体活动，限制了学生感受自然的权利，削弱了学生对自然的感知力。脱离自然的教育模式很难在生态文明教育中实现其应有的价值与目的。

户外教育源于自然，崇尚自然，以大自然为教育活动场所，提倡回归自然，其最根本的特点是教育活动场地的自然性，人们在充满生命活力的自然环境中，能够真切体会大自然、感悟生命，在与山水、各种动植物以及各种自然环境的接触、碰撞中融合，实现自我的提升。人们以在户外教育中所获得的经验来塑造正确的生态环保态度与行为，如尊重自然、敬畏自然，学会爱护自然和保护环境资源等。

以户外运动教育为主的户外教育是回归自然、返璞归真的活动，体现着阳光、积极进取的精神。户外运动教育是人们与自然亲密结合的过程，人们通过接触自然、了解自然，从而逐步形成尊重自然、爱护自然、保护生态的意识，这些意识的养成将成为人们建设生态文明社会的重要思想基础，有利于生态文明建设。

六、培养人的探索精神和挑战精神

户外教育能够培养人的探索精神和挑战精神。探索与创新相辅相成、互为表里，只有不断探索，勇于挑战才能开启创新的大门，推动社会前进。目前传统教育仍以应试教育为主，知识与实践的割裂使学生缺少创新精神，在探索的道路上缺乏现实目标，挑战精神不足。很难有深层次的成果，更没有勇气走出安全舒适圈去直面并战胜困难。

户外探索教育与户外运动教育中的多数项目均具有不同程度的探索性、趣味性、挑战性和刺激性，能吸引人们积极参与其中。此类户外教育活动能够激发人类潜能，使人们在兴奋与刺激中完成自我挑战和团队挑战，在挑战中磨炼意志；能够激发人的求知欲和上进心，对培养人的探索精神和挑战精神具有特殊功效。

第三章　美国学校户外教育研究

第一节　美国户外教育发展概述

美国十分重视青少年成长过程中的大自然体验活动，美国人认为自然是最好的学校，是学习生存本领的最佳场所。因此，美国大众崇尚户外，热爱户外活动，重视户外教育。根据美国户外产业协会近期公布的《美国户外活动参与趋势报告(2022 年版)》，超过一半（54％）的 6 岁及以上美国人在 2021 年至少参加了一项户外活动，户外休闲参与者基数在 2021 年增长了 2.2％，达到 1.642 亿人。户外活动参与总人数创历史新高，比上一年增长 2.2％，自 2020 年 3 月以来，美国户外参与者基数增长了 6.9％。2021 年美国户外活动次数总计达到 124 亿次，平均每人每年 75.6 次，比上一年增长 6.1％。①

美国户外教育的兴起可追溯到 19 世纪 60 年代，是由露营教育开始逐步发展起来的，其发展理念源于近代教育家在哲学、社会学、心理学及自然科学等方面的教学研究中形成的各种教育思想。20 世纪初，杜威发起的进步教育改革推动了户外教育的发展，露营活动逐渐走进公立学校，户外教育职业初现。当时的美国教育家认为：①教育要为青少年提供更广泛的体验。由于青少年所获得的体验和经历范围狭窄，

---

①MARTINEZ B. 2022 Outdoor participation trends report[R/OL]. (2022 - 12 - 08) [2023 - 02 - 16]. https://outdoor industry. org/resource/2022 - outdoor - participation - trends - report/.

以至于他们很少能理解在学校课本上所学的知识。②学校教育要摆脱传统的课程体系。19 世纪中期，美国的学校课程是机械的、僵化的。③需要更多的实践学习进入教育。当时，随着美国城市社区的快速发展，美国社会、经济条件发生了巨大变化，新的科目被不断地加入到课程体系中，课程科目变得拥挤，但是实践学习却非常缺乏。因为露营教育在解决这三方面问题上能够产生良好效果，所以露营教育逐步进入学校教育课程体系。[①]

20 世纪 40 年代中期，在凯洛格基金会的推动下，露营成为密歇根州学校课程的一部分。20 世纪 40 年代后期，以学校露营为形式的户外教育在密歇根州得到迅速发展，并很快在加利福尼亚、纽约、华盛顿、得克萨斯等州得到推广。从 1930 年起，一些教育实践，如野外体验和户外课堂活动被归类为户外教育，但本质上是学校常规教育领域和活动的一部分。而从露营教育到学校露营开始，美国户外教育的范畴逐渐扩大，涉及自然保护教育、资源利用教育及环境教育等领域。1955 年，隶属于美国国家教育协会的美国国家健康、体育与休闲协会发起户外教育计划，这项计划增加了对户外运动、户外休闲技能教授的范围，推动了美国户外休闲的发展，对户外休闲领域具有重要意义。在户外教育计划实施期间，美国户外娱乐资源审查委员会的报告、美国户外娱乐局的创建、公园与娱乐区域的联邦立法以及教育职业发展法案、1965 年的中小学教育法等联邦教育政策都对户外教育计划产生了积极影响，所有这些力量和事件都推动了户外教育计划在美国的实施[②]。随着美国政府和社会对户外教育的逐步认可和重视，各项户外政策实施，相应户外机构设立，户外教育逐渐成为美国学校教育的重要

---

①RILLO T J. Historical background and development of camping and outdoor education.[J]. Agencies，1964：37.

②SMITH J W. Outdoor education：an overview[EB/OL].[2022 - 10 - 25]. https://files. eric. ed. gov/fulltext/ED034631. pdf.

组成部分。

一、美国户外教育发展因素

纵观美国户外教育的发展，有两个因素对户外教育产生了重要影响。一是经济因素，二是教育发展因素。

(一)经济因素

经济因素对户外教育发展的影响体现在1930年到1960年间，受经济危机与第二次世界大战的影响，美国经历了两次大的经济起伏。经济的萧条带来了方方面面的社会问题，特别是第二次世界大战带来了一个必须面对的社会问题，这个问题当时被称作露营教育，后被称为留宿式户外教育。在当时的条件下，露营教育能够解决经济危机和二战所带来的一些社会及教育问题。同时在经济危机的影响下，学校教育目标也随之作出改变，许多州政府和教育部门重新修订课程，制订了新的教学实验计划，其中便包含露营教育或户外教育。在经济危机不断扩大的情况下，美国经济受自然资源的影响日渐严重，大众开始更多地去关注森林、矿产及野外生活，户外教育也因此开始蓬勃发展。

二战结束后，美国国力得到增强，经济增长，民众的生活质量得到大幅提高。工薪阶层收入的提高和休闲时间的增多使得许多人走向户外寻找快乐，在休闲娱乐过程当中接受教育，这种现象由个人影响到家庭，家庭露营活动越来越多。户外教育在美国社会得到提倡，美国丰富的自然环境与天然的户外活动场所为户外教育提供了便利条件，使得户外教育的发展更加顺利。

(二)教育发展因素

杜威的“儿童中心论”直接推动了学校户外教育的发展。从“做中学”，让孩子们更多地参与活动，参观田园、农场等户外场所可以为他们提供真实的物质世界和具体的精神世界，培养他们正确的世界观和人生观。另外，社区学校的发展也是户外教育发展的推动因素之一。

社区学校提倡团体活动，讲求合作精神，外出学习是社区生活直接经验的补充。因此，户外成为学习环境的重要部分，课堂也经常从学校教室移到社区“教室”。

总之，20世纪美国社会、经济的变革促进了科技与生产力的发展，美国人关于自由、平等、自治的原则面临着极权主义思想的挑战，使学校不得不去尝试加强民主的价值，而户外教育为其提供试验场所的同时也加强了自身的发展①。

二、户外教育组织与机构推动美国户外教育发展

户外教育相关组织、机构和公益团体的建立与发展推动着美国户外教育的发展，如美国童子军、美国户外领导学校、野外教育协会、体验教育协会、户外游憩与教育协会等是支撑美国户外休闲游憩与户外教育发展的重要力量。其中，不同户外教育组织的责任、目标和理念存在不同程度的差别。

(一)美国童子军(BSA)

童子军是户外教育的重要组织之一，美国童子军是在英国童子军的影响下于1910年由威廉·D. 博伊斯发起成立的，发展至今已成为美国最大的青少年团体，童子军运动和童子军也已成为重要的美国文化之一。童子军的宗旨是把美国人认为重要的价值观通过参加一系列户外活动(如野营、水上训练及登山等)传授给少年儿童，如自尊、公民意识及野外生存技能等，其核心任务是为不同年龄段的青少年提供与年龄相符的活动课程。青少年通过探索和学习，可促进个性与品德发展、保持健康体魄，为将来职业做准备，承担公民责任。童子军课程以户外教育为主要形式，打破了学科间逻辑界限，关注学生兴趣、

①马翼虹. 美国当代中小学户外教育实践模式研究[D]. 兰州：西北师范大学，2006.

需要，注重能力培养，课程通过一系列户外活动来实现①。可以说，美国童子军为户外教育在美国的发展打下了坚实的基础。

(二)美国户外领导学校(NOLS)

美国户外领导学校是美国户外教育领域最具规模、最专业的教育机构。20 世纪 60 年代，英国的拓展训练理念传入美国，受此影响，1962 年科罗拉多出现了美国第一所户外冒险学校，之后此类学校蓬勃发展，美国户外领导学校就是在这样一种背景下于 1965 年正式成立的，其主旨是：减少荒野露营对自然环境的破坏，传授休闲旅游技能、户外生存与户外安全技能，注重团队互助，注重培养户外领导人才。美国户外领导学校一直致力于专业户外领域，接收来自世界各地的户外活动爱好者，通过多样化的课程，满足户外爱好者的不同需求，使学员具备从事户外活动时所需的生活、安全、环保知识及技能，为户外教育作出了贡献。

(三)体验教育协会(AEE)

体验教育协会是一个以会员支持为主的国际性组织，会员主要包括从事户外、探险、露营与挑战课程的户外职业人员。从 1977 年成立以来，体验教育协会得到快速发展，协会成员分布范围、领域较广，涉及教育、户外冒险、休闲娱乐、心理辅导、青少年教育与服务、管理发展训练等领域。体验教育学会以进一步发展体验学习法为使命，开展研讨会、学术研究、工作坊、图书刊物出版等活动。

(四)户外游憩与教育协会(AORE)

1993 年正式成立的户外游憩与教育协会，致力于推进户外休闲与户外教育发展，促进自然环境的保存与保护。该协会主要进行户外领队标准制定与认证、公共土地准入与管理、残障人士游憩、户外教育策略等方面的研究，从而促进高校、社区、军事等领域的户外休闲与

---

①傅丽纯．美国童子军的课程与教学[D]．上海：华东师范大学，2016.

户外教育项目发展。

三、政策法规为美国户外教育发展提供保障

户外教育是人与自然的互动过程，人在教育过程中要借助自然资源，在此过程中会存在许多不安全的因素，其中包括对人的伤害和对自然的破坏两个方面，这也是户外教育发展的潜在障碍。美国在教育、自然环境及户外休闲等领域的政策与法规为户外教育的发展扫清障碍，提供了保障。

美国将青少年进行户外活动、接受户外教育以立法的形式规定下来。2007 年至 2011 年，美国相继有 21 个州颁布了儿童户外权利法案，目的在于保护 14 岁以下少年儿童的户外活动权益。2011 年，美国国会颁布《青少年户外健康法案》，旨在进一步督促联邦政府和各州政府采取措施使青少年和家人更多地走进自然，走向户外，从而改善人们的身心健康，支持自然保护。政府出台法案对少年儿童户外活动权利给予保护，体现出美国各级政府对青少年户外教育的重视①。

户外教育与环境教育结合紧密，可以说环境教育是户外教育的重要内容。美国是世界上最早提出环境教育的国家之一，也是最早将环境教育立法的国家。1970 年，美国颁布了世界上第一部国家环境教育法。1981 年，政局的变化导致 1970 年的国家环境教育法失效，环境教育主要依靠非营利性组织来开展，如户外教育协会、北美环境教育联合会等。1990 年，经过数次修改的美国国家环境教育法颁布，对美国环境教育政策及措施作出了详细规定。其内容主要包括：致力于环境教育课程的开发、实施、评级和普及，开展环境教育的在职进修，设置野外环境教育中心，编制环境教育课程等②。

---

①陈乙南．美国各州颁布实施儿童户外权利法案的启示[J]．当代青年研究，2012(6)：62－66.

②藏辉艳．美国环境教育及其立法研究[D]．青岛：中国海洋大学，2008.

美国政府还在与户外教育密切结合的户外休闲领域制定了诸多法规，鼓励人们参与户外休闲活动。2005 年，美国休闲联盟(ARC)和其他休闲组织共同起草了《2005 年美国户外休闲政策法案》，旨在继续提高美国的户外休闲产业机会，关注的焦点是公共土地和水资源，重点强调户外休闲活动对个人和民族健康的意义①。

荒野法也是户外领域重要的法规之一。早在 1964 年，美国参众两院通过并由总统签署了荒野法。1964 荒野法催生了其他荒野立法的产生，如 1975 年东部地区荒野立法、1976 年的联盟土地政策管理法案、1980 年的阿拉斯加国家利益土地保护法等，这些法案使得更多的荒野区纳入保护范围，增加了美国荒野保护的面积。这一系列荒野立法建立了美国国家荒野保护体系，保证了民众享受荒野资源的权利②。

美国社区学校的兴起与国家青少年户外法案的颁布加速了户外教育发展的步伐。作为美国社会再造工程的重要组成部分，社区学校紧跟社区中青少年的课余需要，实施了丰富多彩的社区体育活动。在社区活动的不断推动下，学校的社会角色凸显。社区学校以不断发展青少年的健康为中心，通过丰富多彩的社区体育活动强化学校户外教育的发展，将社区户外教育作为青少年日常生活中直接经验的有效补充。学生除了参加学校体育教育之外，可随时进入社区“教室”开展学习，使户外真正成为学习环境的一部分，而社区学校也成为学生户外教育的另一个基础。鉴于孩子花费在户外的时间逐渐减少，已达到美国历史上的最低点，且肥胖问题已为家庭敲响警钟，需要鼓励孩子积极参与户外运动，为其提供亲近自然的机会与途径，2011 年美国国会颁布了《青少年户外健康法案》，旨在通过户外运动改善儿童的健康，并使其养成户外运动的习惯。在法案颁布之后，政府大力扶持户外教育，

①邵玉辉．美国大学休闲专业课程设置对我国的启示[D]．济南：山东师范大学，2007.

②舒峻峰．美国 1964 年荒野法研究[D]．沈阳：辽宁大学，2013.

使美国户外教育的参与人数及各类项目的设置等均有显著增长。2014年美国户外基金会调查报告显示，2013年参与到户外运动的6岁以上的人数为1.426亿，其中人均年参与次数为87.4次，总参与数超过124亿次，青少年的人均参与次数更是高达99次①。

据统计，美国户外领域相关法律法规多达百余部，还涉及公园与娱乐区域授权，国家资源授权、规划与管理，对娱乐地区的资助，等等②。这些法律法规都有力地促进了户外事业的发展，也为户外教育提供了有力保障③。

四、课程设置、实践模式与评价方式推动户外教育规范化发展

美国户外教育的开展之所以能居于世界前列，其主要得益于拥有丰富多彩的户外课程设置、多样化的实践模式以及多元化的评价方式等。

首先，美国户外教育课程形式主要为荒野基础探险、营地式项目以及长期项目，其设置严格遵守教育宗旨，在课程设置理念上有着多元定位，包括儿童的有效参与、增进儿童的身心健康、发展儿童对社会以及科学的认知、发展儿童的价值观等。另外，美国的户外教育课程的设置较为丰富，包括了诸多现代运动项目，如攀岩、皮划艇、山地自行车、滑雪等。其户外教育实践会根据现有的户外教学条件而选择符合自身的侧重点，将生活经验与学科内容有机结合，强化课程之于生活本身的价值，以增加学生对学习的兴趣并提高其适应能力。

其次，美国青少年户外教育实践模式多样化，包括长、短途户外教育及留宿式户外教育等。短途户外教育模式使用较多，如室外体育

---

①龙继军，曾亦斌，张少生．美国青少年户外教育发展的现状、特征与启示[J]．广州体育学院学报，2020，40(02)：38－43.

②赵承磊．户外运动在美国社会中的地位、作用与启示[J]．成都体育学院学报，2011(9)：24－28.

③同②.

课程或去周边社区进行体育活动等，此类教育模式操作简便，亦能很好地融入课堂教学。而长途户外模式则需要安排准备诸多事宜，因其户外教育开展的场景离校较远，不确定性较短途更多，故需教师提前做好详尽的计划。留宿式户外教育是为了便于完成教学任务，需要在户外教育中心居住一段时间，一度成为美国青少年热衷的一种教育模式。留宿式户外教育场景丰富多样，包括森林、湖泊、农场、草原、溪谷等，时间上也未有严格限制，可在周末或假期开展，也可以夏令营或冬令营的形式举行。

最后，美国户外教育与学校教育有着一致的评价目标，尤其重视多元化的评估。从内容观之，在认知、情感与技能三个领域中对青少年参与到户外体育的情况进行评估；从过程观之，对学生参与到户外教育中的表现进行观察、测量及记录。评价内容由教师或专职人员决定，并及时将结果反馈给学生，使其明确地认识到自身的发展情况，从而能够及时进行改进以求获得全方位的发展。

五、学校户外教育是美国户外教育与户外事业的基础

美国户外教育的开展主要通过一般学校、民间户外教育学校及非营利性公益机构组织实施，而学校户外教育是美国户外教育的基础。美国学校户外教育范围一般包含基础教育和高等教育两个阶段，因而就教育对象而言，是从幼儿、中小学生，一直到大学生、研究生。美国学校教育系统广泛开展了户外教育课程，中小学通常根据各州政府教育部门的标准与要求，结合各科课程内容进行相关的户外教育活动。多年来，中小学户外教育是美国学校户外教育的重点，因为中小学是人生教育发展中的重要阶段，所以这个时期的户外教育备受教育部门与教育工作者重视。美国各州普遍设有专门的户外教育中心，协助各级学校组织开展户外教育活动。户外教育活动可根据实际灵活安排，大多根据学校教育目标、课堂教学进度以及学生自身的学习需求等具体情况进行安排。户外教育教学时间也是根据教学目的、教学内容与

教学需要来安排，可以是几十分钟，也可以是几个小时、几天，甚至几周①。

美国高校大多开设户外教育选修课程，选修课程以户外活动基础知识、技能为主，旨在培养大学生从事户外活动所必需的知识、技能及环保理念。部分高校开设户外教育相关专业，与专项协会及社会户外机构开展积极合作，形成了高等教育与专业培训相结合的专业人才培养模式。

营利性民间户外教育学校在美国户外教育中起到了很好的辅助作用。这些学校根据客户不同要求，为客户提供不同形式的户外教育内容。非营利性公益团体的活动对青少年成长也起到了重要的作用②。

第二节　美国基础教育中的户外教育

一、美国基础教育中户外教育的课程设置

美国户外教育的教育目标没有脱离学校的教育目标，与学校教育目标是一致的。户外教育的课程设置也没有违背学校课堂教学的课程设置，而是严格遵守教育原则，与学校课程教学密切结合。美国中小学户外教育课程依据学生所处年级、所选课程、所在年龄阶段的身心发展水平，以及各地区、学校所拥有的户外教育教学条件来设置相关户外教学具体内容。户外教育本身涉及的内容较为广泛，围绕美国中小学的教育宗旨，在中小学开设的科学、数学、体育、地理、语言、历史、美术、音乐等课程均出现在户外教育的课程设置中。户外教育

①马翼虹．美国当代中小学户外教育实践模式研究[D]．兰州：西北师范大学，2006.

②韩蕾，化夏．浅议美国青少年户外教育现状[J]．当代体育科技，2016，6(18)：151-152.

课程既可以说是中小学课堂教学的重要组成部分，也可以说是课堂教学的有益补充。

从美国中小学户外教育课程设置情况来看，多学科知识、技能包含其中，这与户外教育涉及多学科内容的特点是相符的。在教学实践当中，户外教育课程主要以两种形式出现。一种是以学科中心课程形式出现，户外教育为辅助手段或形式。受户外教育条件的诸多限制，此类课程安排并不均衡，主要依据具体教学内容与户外教学条件进行设置。总体来看，在开展的户外教育活动中，体育、地理、生物等课程涉及较多，为这类课程安排的户外教学活动也就相应较多，这些户外教育课程是与中小学学科课程相结合的形式出现的。另一种形式，也是户外教育课程的主要形式，与学校设置的学科课程有所区别，不是以数学或地理这样的单一课程出现，而是将分割的学科互相交叉、相互融合，通过户外教育活动完成教学目标，这种形式的典型代表就是留宿式户外教育，如露营。在具体实践中，此类户外教育活动能将各学科知识充分结合，形成综合课程，使教学克服传统学科课程的单一性和局限性，将知识、经验、社会生活有机联系，使得教学内容对学生知识学习和生活成长更具价值，增强学生的学习动机和学习兴趣。同时户外教育课程教学使教学不局限于学生个人的日常生活经验，而是把学生的经验与相应的学科内容有机联系在一起，更有利于学生学习和能力培养，这是学校课堂教学所不能达到的。①

二、美国基础教育中户外教育目标与内容分析

户外教育的功能是多样化的，不同组织与机构在组织实施户外教育的时候，目标也存在差异。美国户外教育的首要目标是教导学生认识世界，承担责任，在任何时候、任何场合，尊重地球和所有与它有

①马翼虹．美国当代中小学户外教育实践模式研究[D]．兰州：西北师范大学，2006.

关的资源①。

美国学者菲茨帕特里克(Fitzpatrick)在其论文中提出户外教育的主要目标包括以下方面。

(1)使人充分认识自己的潜能，包括智力、身体和精神方面；

(2)利用户外资源充实和促进课程教学；

(3)认识、欣赏和理解人类与自然环境的关系；

(4)发展休闲时所需要的知识、技能和理念；

(5)促进民主的人际关系和民主进程；

(6)鼓励使用社区、州、国家和世界资源；

(7)营造气氛促进审美发展②。

户外教育功能是广泛的，户外教育目标与教育内容是对应的。户外教育可依据户外教育目标安排对应的教学内容及实施路径与方法。

美国基础教育中的户外教育课程设置中提到，中小学户外教育课程设置形式主要分为两种，一种是围绕学科课程，另一种是非学科课程的综合户外教育课程。因此，美国基础教育中户外教育活动多是为科学、数学、地理、社会学习、语言、艺术、音乐、体育与休闲等学科课程目标服务的。

例如，数学课程的总体教学目标是：学会使用标准测量仪器，如米尺、温度计、公制锥尺及比例尺等；估算距离、时间及数量等；在户外运用数学技能获得直接经验。

数学课的教学内容安排：砍一块木头，用绳索绑好；测量木头宽度、周长及半径，在木头表面绘制地图，计算坡度百分比，计算建筑物与树木间距离，用步伐测量距离；估算树和小山的高度，通过年轮

①周红霞．美国户外教育的首要目标是认识世界，承担责任[J]．上海教育，2016(24):41-42.

②FITZPATRICK C N. Philosophy and goals of outdoor education[D]. Collins:Colorado State University. 1968.

计算树木年龄，计算步行的距离，计算河的宽度；阅读有关温度的读物；计划野外就餐所需食物数量与花费①。

在非学科课程的户外教育活动中，户外教育的课程目标主要包括以下几种。

(1)户外教育课程强调户外生存、生活能力，如定向运动、泛舟、山地攀岩、速降、野炊、滑雪及射箭等；

(2)户外教育活动重点发展环境与生态意识，运用感知觉与大自然互动，如拥抱树木、蒙眼探索事物等；

(3)户外教育活动主要围绕植物、动物、岩石、星座、云，以及其他自然现象的识别，使学生能够正确识别并理解这些事物在各自生态系统中的作用；

(4)户外教育可营造社区意识和自我意识，使用户外环境、群体生存情境等促进人的社会化，提高人际关系处理能力。这些非学科课程的户外教育课程目标很少以单一的形式出现，户外教育者通过活动计划，使它们以一种独特的形式结合在一起，以实现学校教学目标和学生需求②。

美国不同地区的教育部门和学校对户外教育有着不同的政策与规定，存在地区差异性。例如，体育课程中户外教育的课程目标，得克萨斯州体育课程标准中对于户外教育部分的规定是：参加户外教育的学生应发展户外活动的能力，使学生既迎接挑战，又能享受到乐趣。户外活动的选择要有助于学生环保意识的形成，并使学生喜欢这种活

①马翼虹．美国当代中小学户外教育实践模式研究[D]．兰州：西北师范大学，2006.

②KNAPP C. Outdoor education in the United States：yesterday，today and tomorrow[J]. World leisure & recreation，1992，34(2)：23－26.

动[①]。同时，该课程要求学生在两个或更多的户外活动(如划船、露营、定向、徒步旅行、水上运动等)中展示能力。美国南卡罗来纳州体育课程标准指南中对学生主要训练内容给出了指导，通过攀岩、远足、皮划艇、滑雪、冲浪等户外运动培养学生的运动兴趣，促进身体健康，对 6～12 岁学生提出了绳索课程、定向运动、探险等户外运动课程要求。加利福尼亚州教育部门规定，学校户外教育的开展一般应与该州户外教育协会、户外教育学校合作，其户外教育项目均实施严格的程序认证，由加州教育部门认可，并作为未来质量与安全评价工具。[②]

美国户外领导学校(NOLS)等职业户外学校及社会户外教育中心在美国中小学户外教育中起着辅助作用，这些机构设有众多针对青少年的户外教育课程。以 NOLS 在爱达华州针对 14～15 岁青少年开展的徒步探险课程为例，课程目标为：提升学生领导力、风险管理能力，发展户外技能；学习自然、环保及气象等方面的知识；提高野外生存、生活能力，如掌握野外活动组织与实施、野外用餐注意事项、营地选择与保护站的搭建、地图的使用等。该课程内容为徒步探险，总共持续 15 天，行程约 45 英里(约 72 千米)，学生背包负重 40～55 磅(18～25 千克)。

三、美国基础教育中户外教育实施

(一)户外教育师资

美国中小学户外教育的实施主要分为两种：一种是由学校自主组织实施的户外教育；另一种是与社会户外机构或地区户外教育中心合作，由这类专业机构组织实施。与之相对应，户外教育的师资也主要分为两类：一是学校教师，包括专业的教师及各学科的任课教师；二

①李嘉楠．吉林大学研究生开设野外生存训练课程的可行性研究[D]．长春：吉林大学，2007.

②韩蕾，化夏．浅议美国青少年户外教育现状[J]．当代体育科技，2016，6(18)：151－152.

是社会户外机构和地区户外教育中心的在职人员。学校教师中专业户外教育教师相对缺乏，大部分学科教师开展户外教育的劣势是户外教育业务能力相对缺乏，教学受到限制，对教学效果产生消极影响；相比而言社会户外机构的户外人员更加专业，该类人员普遍具有熟练的户外知识和技能；户外教学经验丰富，能产生较好的教学效果。除此之外，还有部分户外志愿者如高校学生、家长、公益组织成员等参与到中小学户外教育中。在户外教育课程的一些专业领域，户外教育师资必须具有相应资质才能够具备户外教育资格。

（二）户外教育评价

美国基础教育中户外教育与学校教育紧密结合，户外教育为学校教育目标服务，评价目标与学校教育评价目标基本一致。户外教育评价通常是评价者对户外教育活动的好坏、优劣及效果进行价值评判的过程。因此，户外教育目标评价也是在认知、情感、技能这三个领域进行的。但是在户外教育中有一些目标难以进行有效评价，特别是情感类的，例如，在一些户外教育活动中产生的恐惧感不好界定，对征服困难情景之后产生的自信程度不好评价，等等。美国基础教育中户外教育评价涉及以下方面。

(1)评价方式主要包括观察法、问卷调查法、分组讨论、日志或记录、学生作业，以及教师随机测试与统一测试等；

(2)评价主体主要是教师、学生、户外教育工作人员、家长等；

(3)户外教育活动评价的时间，一般分两种，一种为即时评价，就是在户外教育活动过程中及结束后的评价，另一种是整体评价，一般在学年或学期结束时进行；

(4)户外教育评价的内容通常由学校户外教育专职人员、参与教师及参与的其他户外教育工作者来决定。评价内容既包括对学生的评价，也包括对教师的评价，一般为学生所掌握户外知识、技能，学生环保意识与态度，教师户外教学技能及教师对整体活动的满意度，等等；

(5)户外教育的评价结果除了进行用于对教学目标的完成情况判断外，还用于为改进教学方法及效率提供参考，丰富和完善户外教育计划，为户外教育人员培训提供参考，等等。

美国基础教育中户外教育评价不仅具有一般教育评价的特征，还有其自身的特点，主要包括以下几个方面。

(1)评价重视实践性。评价要求教师重视学生实践能力的发展，制定的户外教育活动内容需具有较强的实践性和操作性，以促进学生体脑结合、知行合一；评价要求学生实践中要全身心投入、态度认真、勤于操作、注重方法、提高效率等，活动之后，学生的操作能力、问题解决能力应有提高。

(2)评价具有开放性。评价要求教师要将课堂内容与户外活动密切相连，要将户外教育与学校、家庭、社会相联系，户外教学要有一定的灵活性，应根据学生的表现适时调整活动计划或进程；评价要求学生应与同学及教师进行充分沟通，学生有自己选择的户外活动项目，户外教学活动成果形式呈现多样化。

(3)户外教育评价中的创造性。评价可以衡量教师教学活动组织的创新性，活动的可伸缩性，要求教师在教学过程中要注重培养学生的创新思维，鼓励学生创新；评价要求学生要善于表达自己，敢于质疑，勇于展示自己独特的见解和活动方式，为实现活动目标、完成任务，主动制定行动方案，寻找合理地解决问题的办法。

(4)户外教育评价中的主动性。主动性主要体现在教师将学生自主性发展列为重要教学目标，教学活动选择注重学生兴趣及个体差异，同时重视对学生户外学习方法的指导，鼓励学生参与到各项互动中去体验。学生应积极主动地参与活动、表现兴趣和求知欲，主动选择具有一定难度的户外项目来实现自我挑战，从而培养勇敢坚强的意志品质，较好地完成教学任务。

(5)户外教育评价的整体性特征。评价要求教学活动的安排，要兼顾认知、技能、情感三个方面，教学方法要具有趣味性，符合学生心理发展水平，注重团队合作，从而提高户外课堂气氛，使学生在户外活动中充分运用人体多种感觉器官，促进学生全面发展。

第三节　美国高等教育中的户外教育

一、美国高校户外教育概况

20 世纪 70 年代，户外教育开始进入美国高校，由于高校以培养专业人才为主，因此，户外教育在高校开设的主要目标是为美国社会培养户外领域的专业人才，支撑美国户外事业的发展。同时，户外教育课程由专业院系开出后会以选修课形式提供给广大学生作为辅修课程，满足学生的兴趣与需求，促进学生全面发展。1971 年，明尼苏达州立大学曼卡托分校与普雷斯科特学院率先开设了户外探险领导学位课程，从此户外教育领域相关学位课程得到了快速的发展，在 1971 年至 2011 年，有 60 余所高校相继开设了以户外教育、户外领导、户外探险、体验教育、探险游憩等命名的 2 年制、4 年制的本科或研究生户外教育学位课程。到 1991 年，美国大约有 375 所高校开展户外教育活动，2015 年有 400 余所高校开设了专业户外教育课程①。

表 3 - 1 是美国部分开设户外教育相关专业的高校与专业设置情况。研究发现，美国高校户外教育专业多由教育院系或体育院系开设，专业设置迎合美国户外产业的发展，开设专业主要为户外教育、户外休闲(户外娱乐、户外旅游、户外管理)、环境教育等方向。

①方海明．美国户外探险游憩的发展经验及启示[J]．体育文化导刊，2015(6)：56 - 60.

表 3-1　美国部分高校户外教育相关专业方向设置情况

学校名称	专业	方向
爱达荷州立大学	户外教育	户外教育
印第安纳大学	休闲体育	户外休闲与资源管理
南犹他大学	户外休闲	公园休闲与旅游
佐治亚大学	户外教育	户外教育
明尼苏达大学德卢斯分校	环境与户外教育	环境与户外教育
新罕布什尔大学	运动科学	户外教育
索尔兹伯里大学	户外领队	户外领队

二、美国高校中的户外教育专业

高校专业设置以培养专业人才为主，因此，研究美国高校户外教育将主要针对高校户外教育专业课程的设置。美国各高校户外教育专业开设各具特色，专业方向各有针对，但总体培养目标是一致的，就是为美国户外事业培养专业人才。

爱达荷州立大学开展户外教育历史悠久，在户外教育开展 37 年历史和丰富户外教育资源的基础上，该校教育学院体育教育与运动科学系开办了户外教育专业，该专业是美国最好的户外教育专业之一。印第安纳大学历史悠久，是美国高校规模最大的高校之一，也是全美国人文社科学科最强的大学之一，体育与娱乐学院休闲体育专业下设户外休闲与资源管理方向，培养户外休闲领域的专门人才。

(一)户外教育专业的培养目标

户外的环境和条件是多变的，户外工作者经常面临复杂的环境及各种不同程度的困难与挑战。如何正确应对各种情况、合理解决各种问题是需要经过不断的知识、技能学习与实践经验积累才能够达到的。

爱达荷州立大学户外教育专业的培养目标是使学生掌握较为全面的户外知识，如户外领导、安全、环境及自然科学等；掌握各种户外技能，如各种户外生存技能、户外运动技能等；促进学生各种户外能力的提高，如户外领导力、团队管理能力、风险管理能力及户外解决问题的能力等；使学生具备从事户外产业工作所需的各项条件，增强学生社会竞争力，为社会培养合格的户外专业人才。

印第安纳大学休闲体育专业——户外休闲、公园与人类生态学方向户外教育类课程的开设，主要是针对户外休闲与户外管理领域。学生通过该类课程的学习，可培养户外资源管理、户外项目开发、公园保护、野营项目策划、户外探险领导等方面的能力。

经过户外教育专业系统培养的学生，在户外事业发达的美国拥有广阔的就业空间。高校户外教育专业学生就业途径是多样的：爱达荷州立大学户外教育专业毕业生主要就业去向包括在国家公园、公园服务、渔场、公共环境管理机构，如美国土地管理局(BLM)、美国军方机构军人文娱团(MWR)等，还包括从事青少年户外项目及各种户外休闲、野外医疗救助、户外产品导购及户外器材设备制造等各项工作。印第安纳大学休闲体育专业、公园与人类生态学方向毕业生就业去向包括历史遗址单位、市政公园和休闲部门、自然保护区、非营利组织、户外探险组织、动物园以及美国森林服务局和国家公园等。

(二)户外教育专业的课程设置

爱达荷州立大学户外教育专业由教育学院体育院系开设，专业修读分为主修和辅修，主修提供给该学院下属学生，辅修提供给其他学院学生。主修和辅修的教育目标不同，因此课程安排和课程内容也存在差别。

1. 主修户外教育专业

主修户外教育专业的课程包括5个板块，除了体育教育基础课程板块外，其他均为户外教育课程。

(1)户外领导与教学板块。课程包括户外领导、户外调查、户外教学方法与实习等，此类课程共10学分，均为必修课程。

(2)户外安全板块。此类课程包括水域安全与救援、攀岩与登山安全、户外责任与风险管理、野外紧急治疗与救援、野外生存技巧等10门课程共计14学分，此板块学生最少需要修读7学分。

(3)自然科学知识板块。此板块包含植物类、动物类、生态类、地质类、天文类等课程共计21门课程，总计55学分，学生最少需修读8学分。

(4)户外运动技能板块。此板块包含众多户外运动项目，包含雪地类、水上类、登山类及其他野外类等共计27门课程，共计31学分，学生最少需修读8学分。主修户外教育专业的学生根据要求要修读48学分的课程，完成48小时的专业实践，才能取得户外教育学位。

爱达荷州立大学主修户外教育专业主要户外课程详见表3-2①。

表3-2　爱达荷州立大学主修户外教育专业部分课程设置情况

课程板块	课程名称	学分	学分要求
户外领导与教学	户外领导 户外调查 户外教学方法与实习	3 3 4	10学分
户外安全（部分课程）	水域安全与救援 攀岩与登山安全 户外责任与风险管理 野外紧急救援 野外生存技巧	1 2 2 3 1	选7学分
自然科学（部分课程）	生物学课程与实验Ⅰ、Ⅱ 普通生态学	4+4 4	

①Idaho State University. Outdoor education major[EB/OL]. (2012-10-08)[2022-11-16]. http://isuoutdoor.altervista.org.

续表

课程板块	课程名称	学分	学分要求
自然科学 （部分课程）	春季、秋季植物 爬虫、鸟类、鱼类学 区域生态学 岩石、矿物、化石和地图 天文学概述Ⅰ、Ⅱ 天气与气候概论	2+2 3+3+3 3 2 2+2 3	选8学分
户外运动技能 （部分课程）	自由式滑雪 漂流入门 攀岩入门 越野滑雪技巧 自行车 登山基础 垂钓 马术 冬季露营与户外旅行 滑雪板训练	1 1 1 2 1 1 1 1 1 1	至少选 8学分

从主修户外教育专业课程设置来看，获得户外教育专业学位所需修读的户外课程学分达到33学分，占总学分的69%。课程内容的安排保证了学生全面户外知识的掌握，多种户外技能的形成以及综合户外能力的培养。

2. 辅修户外教育专业

辅修户外教育专业是指其他学院学生选修规定的户外教育课程，如自然科学类地质、生物等学科及社会科学类教育、大众传媒等学科，课程修读结束后，作为学生的第二专业。辅修课程的设计主要针对学生户外活动中的基本技能和户外安全环境，注重与实践结合提升学生户外领导力①。辅修专业课程设置及部分课程名称见表 3-3。

表 3-3　爱达荷州立大学辅修户外教育专业部分课程设置情况

课程类别	课程名称	学分	学分要求
户外领导与教学课程	户外领导	2	7 学分
	户外调查	2	
	户外教学方法与实习	3	
户外安全课程（部分课程）	水域安全与救援	1	至少 5 学分
	攀岩与登山安全	2	
	雪崩与冬季户外项目安全	1	
	地图、指南针与导航应用	1	
	健康教育研讨	1～3	
	急救与安全	2	
自然科学课程（部分课程）	普通生态学	4	至少 4 学分
	秋季植物	2	
	春季植物	2	
	爬虫学	3	
	鸟类学	3	
	鱼类学	3	
	哺乳动物学	3	
	自然地质学	3	
	岩石、矿物、化石和地图	2	
户外运动技能课程（部分课程）	自由式滑雪	1	
	攀岩入门	1	

①Idaho State University. Minor in outdoor education[EB/OL]. (2019-10-12)[2023-02-16]. https://coursecat.isu.edu/undergraduate/education/humanperformanceandsportstudies/minor-outdoor-education/.

续表

课程类别	课程名称	学分	学分要求
户外运动技能课程 （部分课程）	越野滑雪技巧 自行车 登山基础 野外生存技能 冬季露营与户外旅行 地图、指南针与户外导航 1	2 1 1 1 1	至少 5 学分

从辅修户外教育专业课程设置来看，课程开设是以主修专业课程体系为主，也涉及户外知识、技能与能力等各方面，有所区别的是在课程选择上，辅修专业学生修读学分要少于主修专业学生，只需修读 21 学分即可完成辅修学位。

印第安纳大学休闲体育专业户外休闲与资源管理、公园与人类生态学方向课程设置主要包括通识教育模块、专业方向模块、休闲核心模块及专业选修模块 4 个模块，其中专业方向模块和专业选修模块多为户外教育课程，主要涉及户外休闲、环境教育、户外探险教育、自然研究、户外休闲资源管理及人类健康与自然环境等。专业方向课程模块总学分 30 学分，其中除了专业写作与导游讲解外，其他课程均为户外领域课程；专业选修课程需要选修 11～12 学分(4 门课程)，从表 3－4 可以看出多数选修课程为户外领域课程。

表 3－4 印第安纳大学户外休闲与资源管理专业方向课程中户外教育类课程

课程分类	课程名称	学分
专业方向课程 （30 学分）	专业写作 户外休闲、公园与人类生态学介绍 冒险教育或户外探险项目 自然史与野外生态学	3 3 3 3

续表

课程分类	课程名称	学分
专业方向课程 （30 学分）	生态系统管理	3
	导游讲解	3
	荒野和保护区	3
	人类健康和自然环境	3
	生态旅游：行政和管理	3
	户外休闲、公园与人类生态学实务	3
专业选修课程 （11～12 学分）	荒野领导概论	2
	休闲：基于地理信息系统	3
	科学潜水员认证	3
	户外治疗教学技巧	3
	可持续旅游	3
	环境教育田间技术	3
	野外急救	3
	户外体验式教育：教学技术	3
	户外治疗项目实践	3
	户外治疗原则	3
	户外探险项目：基础理论	3
	水资源调查	3
	休闲服务营销	3
	休闲法律问题	3
	休闲服务组织的财政管理	3
	休闲、公园和旅游组织战略规划	3

(三)户外教育专业课程的实施与评价

美国高校户外教育专业课程多由体育类院系负责组织实施，涉及体育、地质、生物、管理、医学等多个学科师资，同时注重社会合作，聘请户外行业协会和美国户外领导学校(NOLS)的资质教师和教练对特定课程进行授课。对于涉及户外领域的专业课程多为现场授课，学生在现场环境下有利于知识、技能掌握，积累临场经验，为未来工作奠定基础。此外学校户外探险中心也在专业课程实施过程中发挥着良好的辅助作用，为课程开展提供师资、器材与专业指导。

美国高校户外教育专业所开设的户外课程是以学位课程的形式开设，因此课程的评价遵循学科课程评价的原则。户外教育相对特殊的部分是对于实践环节的评价，高校注重与国家户外专业协会与机构的合作。对于实践课程教师来讲，要具备相应资质，户外运动类教师要通过所授课程项目所在的户外专业协会的资质认证，如攀岩和登山课程教师要通过美国登山协会(AMGA)的资质认证；皮划艇、水上营救、独木舟等课程教师要有美国独木舟协会(ACA)的资质认证。在学生评价方面，学生在部分实践项目当中也要通过相应户外协会或组织的资质认证才能取得户外教育学位。例如，不留痕迹(leave no trace, LNT)的环境课程的修读者要获得环保组织(LNT)的认证，野外救生和野外医疗急救也需要获得相应机构的资质认证。

第四节　美国户外教育发展的特征

一、课程设置的多元性和针对性

美国户外教育课程设置具有多元性，不论是基础教育中的中小学户外教育课程设置，抑或是高等教育中户外教育专业的多样化课程，均可见其课程设置的多元性。

就其多元性而言，中小学户外教育的课程囊括了诸如体育健康、自然科学、数学、地理、音乐和美术等多个科目，可分为学术性与非学术性科目，如数学、自然科学、地理等属于学术性科目，而体育健康、音乐、美术等则属于非学术性科目。各学科间互通融汇，使学生的户外教育知识涉及的面更广，更加有效地指导了教学实践与应用。例如，不同学科的户外教育各不相同：地理课程户外探索帮助学生了解天气变化与地质形成；美术课程户外写生帮助学生体验自然环境中不同风格的美；体育健康课程户外运动帮助学生在自然环境中强化自身适应能力并不断挑战，实现自我突破。各学校根据不同年龄阶段及自身拥有的开展户外教育的资源等设置不同的课程，采取不同的户外教育手段，如美国南卡罗来纳州体育课程标准指南中对学生主要训练内容给出了指导，通过攀岩、远足、皮划艇、滑雪、冲浪等户外运动来培养学生的运动兴趣，促进身体健康，对 6～12 岁学生提出了绳索课程、定向运动、探险等户外运动课程要求。高等教育则侧重于专业性，但为了迎合美国户外产业的发展，开设专业亦具有多元性，主要针对户外教育、户外休闲(户外娱乐、户外旅游、户外管理)、环境教育等方向。而课程的设置则更具多元性，包括户外领导与教学课程、户外安全课程、自然科学课程、户外运动技能课程等板块，拥有户外领导、户外调查、户外教学方法与实习、水域安全与救援、攀岩与登山安全、普通生态学、天气与气候概论、自由式滑雪、马术等数十种课程，且不同的大学根据其自身发展优势、当地户外运动产业发展的需求以及自然禀赋等开设不同课程。

就其针对性而言，美国户外教育的目标与其办学目标保持一致，户外教育课程的设置能与体育课程的设置相融通，但由于户外教育的侧重点略有不同，而且不同课程的户外教育安排对课程的影响程度也有不同。美国户外课程设置的针对性在一定程度上克服了传统体育教学课程中的盲目性，强调学生对各学科有针对性的学习，尽最大可能提升学生的学习效率，促进其不断丰富社会实践经验，更好地与社会衔接，适应能力得到提升。针对性所重视的结果与目的，而并非单纯形式上的为了户外而开始的户外教育，而是针对不同年龄阶段、学科自身性质的不同，以及学校自身资源的差异等有针对性地进行课程设置与安排，旨在使户外教育的效果达到最优。

二、教育模式的实践性和开放性

美国户外教育强调通过户外实践以获得积极的情感体验，进而提升学生的实践经验及技能。户外教育最为显著的特点是教育模式的实践性和开放性。从实践性观之，为使学生能充分地体验到户外教育的真实感，教师可以将学生带到公园去开展课程，或带着学生去参加户外冒险等，以提高学生的户外活动能力。在实践中，学生的户外技能得以提高，适应能力得以增强。同时，在一定程度上掌握风险管理能力与领导能力等。

从开放性观之，美国户外教育十分重视在开放的生态环境中进行身体教育。根据时间的长短，户外教育可分为留宿式户外教育和特别留宿式户外教育。留宿式户外教育需要教师做好详尽的教学计划，提前对教学过程中可能涉及的诸多事宜都进行妥善预测与安排，在得到学校批准之后才能开展。中小学和高校均有这项课程，这不仅是为了更好地完成教学任务，而且在一定程度上增加了师生相处的时间，便于教师从不同角度对学生进行观察，如教育、个人及社会角度等，也能强化学生之间的团队协作能力，提高学生的独立自主能力。特别留宿式户外教育根据学生的特别需求，采用移动式或分散式野营，如学生极具天赋需要进一步开阔视野、提高技能与情感体验，或是学生有一定心理疾病需要敞开心扉等。

户外教育的目的是使学生能够得到全方位的发展，提高其综合能力以满足市场与社会对人才的需求。富有开放性与实践性的户外教育能够通过户外实践为学生带来与传统课堂不同的体验，一方面提高了学习效率，另一方面增强了学生的适应能力，更通过不断的探索与挑战而强化了学生的创新意识，对学生人格及价值观等的完善有着重要意义。

三、评价体系的整体性和灵活性

教育评价是在一定教育价值观的指导下，根据已确定的教育目标，运用科学的手段与方法，通过对信息的搜集与整理分析，对所实施的各种教育活动、教育过程及教育结果进行科学的判定，旨在提高教学质量并为决策提供依据的过程。美国户外教育与学校体育教育的评价方式大体上保持一致，但仍有其自身的特色，其中较为突出的是评价中的实践性，尤其是在户外教育质与量的价值判断上备受重视，有着整体性与灵活性的特点。

从整体性观之，美国户外教育对学生所掌握的情感与价值观、技能与知识、过程与方法等进行综合评价，要求学生积极地参与实践，进行团队协作，不断提升个人能力及协作精神，知行统一，大大地提高了学生处理问题的能力。教育评价对学生在户外教育过程中所表现出的能动性、创造性、实践性与协调性等均会进行客观、全面的评定，并以此作为后期调整的依据，在充分尊重学生个体差异的同时，通过对学生个人兴趣爱好与身体素质的综合评定进行调整，减少对学生的束缚，鼓励学生主动参与实践并敢于创新。户外教育评价可为后期户外教育课程设置的调整、教学方法的改善、工作人员的培训以及教学计划的完善提供有效的参考。

从灵活性观之，美国户外教育的评价方式灵活多变，不拘泥于传统的评价思维，师生、家长及户外教育的相关人员等可通过一系列方法灵活地进行评价，如问卷调查法、组织讨论法、学生自我评定、考试等。评价不仅充分地考虑到了学生的个人兴趣及个体差异，而且从认知、情感与技能等三方面对学生进行评价，更注重团队的协作精神与意识，在教学过程中或教学结束后，对学生掌握的户外教育知识、情感以及技能进行综合评价，也根据教学目标与最终效果对教师的户外教育成果进行评价。

四、责任组织的协调性与有效性

美国户外教育的责任组织按照其性质的不同可分为学校、非营利公益团体及民间户外教育机构。

学校涵盖了中小学以及高校，在基础教育阶段，以美国联邦政府教育部门所颁布的统一要求与标准为依据，与学科的课程内容相融合来开展户外体育教育；在高等教育阶段，美国高校设置了户外教育选修课程，其中部分高校还开设了户外教育专业。

非营利性公益团体涵盖了美国营地协会、美国户外教育委员会、美国休闲与游憩协会、荒野教育协会、北美环境教育协会、美国博物馆协会与美国体验教育协会等。此类团体通过与各州的教育主管部门进行沟通与协作，对美国户外教育的开展进行包括理论与实践在内的全方位的指导。例如，对美国户外教育开展的现状进行调研分析，确立户外教育的教学内容，探索户外教育对青少年身心发展的效用，制定户外教育的执行标准，规范户外教育从业者职业资格证书的考核，等等。

民间户外教育机构涵盖了美国国家户外领导学校与美国户外拓展训练学校等，此类组织根据学生的性别、年龄、身体素质等各方面的特征，面向不同的对象提供形式各异的户外教育活动，主要针对学生的野外适应能力、运动技能、风险应对能力、团队协作能力及领导能力等进行培育。

上述三类责任组织彼此之间相互协作，互为支撑，共同促进美国户外教育的发展。中小学及高校是开展户外教育的主体，但大多数学校限于自身资源，如场地、器材、师资等，很难顺利开展户外教育的。这些学校往往会与民间户外教育机构进行合作，双方资源共享、互促共进，保障户外教育能够顺利开展。例如，美国著名的民间户外教育机构——美国国家户外领导学校就与美国多家学校进行了深入的合作，其中的学分户外认证起到了积极的作用，即学校学生需要在规定时间内奔赴该机构完成相应的户外教育选修课程并通过考核，以此获得相应的学分，而此学分是计入学校学分的。除了学生去民间户外教育机构参与活动外，许多学校也将部分教师送去民间户外教育机构，特别是其中的中青年骨干教师去户外教育机构进行户外运动课程的进修，完成进修之后可以获得相应的户外教育从业证书。一部分学校也会聘用民间户外教育机构中的资深教员来学校任教，该方法能帮助学校快速开展户外运动课程项目或强化已有的户外运动课程教学内容。

第四章　英国学校户外教育研究

第一节　英国户外教育发展概述

英国户外教育在户外教育发展史和现代户外教育的发展中都占有极其重要的地位。苏格兰是最早将户外教育正规化的地区之一，这与苏格兰悠久的户外文化有很大关系。18 世纪，地理、气候以及苏格兰的土地制度等因素使得苏格兰高地大部分地区是没有森林的无人区，被认为是一个“荒野”，这保证了户外游憩的吸引力。18 世纪下半叶，政治、经济扩张和科学探索等因素促进了英国的发展，同时刺激了英国航海、登山和极地探险等冒险活动的增加。19 世纪至 20 世纪，随着财富和流动性的增加、休闲时间的增长，英国人有充足的条件参与自己喜欢的冒险活动，使得英国别具风格的户外活动得到发展①。

一、户外教育精英化(17—19 世纪初)

1688 年英国确立了君主立宪制，进入“贵族时代”，社会绝大多数的土地与资源由贵族与大资产阶级占据，这个群体掌控着社会的发展方向，在新教伦理的推动下英国不断朝着资本主义工业化社会转变，彼时的教育崇奉精英主义，基本局限于少数的贵族群体。随着文艺复兴与启蒙运动的开展，人们逐渐摆脱封建迷信思想，主动地关注并亲

① HIGGINS P. Outdoor education in Scotland[J]. Journal of adventure education and outdoor learning,2002,2 (2):149 - 168.

近自然，将其当作一个客观需被认知的东西。户外教育在贵族时代是权贵精英子弟独有的特权，其目的是培育有修养、有才能的绅士，当时的户外教育主要以大陆游学及自然探索为主，教育成本极为高昂且需要自行承担。

(一)大陆游学

大陆游学是英国贵族精英子弟在完成了公学或文法教育后，为了学习欧洲大陆的社会文化、礼仪文学、风俗人文等而奔赴欧洲大陆进行游学。大陆游学以开阔视野、提升才智、提高素养为目的，旨在培养博闻强识的绅士以巩固贵族阶级的统治。这种游学兴起于16世纪，经过17世纪的不断发展之后终在18世纪达到顶峰。游学的目的地较多，但其中最为重要的是法国与意大利。法国因其新式文化与宫廷礼仪而深受英国贵族的追捧，此外其语言、雕塑、建筑、绘画等也对英国贵族有着较深的吸引力。意大利作为文艺复兴的中心，拥有米兰、威尼斯、佛罗伦萨等历史文化名城，也是古罗马旧址遗迹，其悠久的历史魅力备受英国贵族的喜爱，让贵族子弟流连忘返。

游学的内容不同于传统的学校教育，主要为语言、社交、文化、艺术、礼仪等。法语被认为是高贵优雅的语言而深受英国贵族的喜爱，且各国的政策文件多采用法语。法语在当时可以说是一个让贵族走向国际化的工具，而意大利语也因其与古典文化及基督教休戚相关，被认为是迈向文明的工具。礼仪则包括言谈举止与着装打扮等，其主要目的是社交，即与地方权贵、上流社会人士结交，在贵族圈留下印记，提升自己与家族的名望。文化与艺术则囊括了雕塑、绘画、建筑等丰富多彩的项目，大大提升了贵族的文化素养与自身品位。但当时的游学旅程不仅要花费大量的时间与金钱，也充满了危险。虽然贵族游学所到之处以城邦为主，但限于当时交通极不便利，信息较为滞后，故旅途的艰辛是毋庸置疑的。当时社会法制并不健全，且社会治安亦非今日可比，游学的贵族可能会被抢劫或被指控为间谍等，极大地增加了游学的风险，以至于当时除了携带仆从之外还会在当地雇佣对本地熟悉的游学导师。

（二）自然探索

大陆游学是出国开展的户外教育活动，而自然探索则为在国内开展的户外教育活动。自然探索是基于职业训练的户外考察，如草药采集等。当时药剂师是社会上流人士所从事的职业，如伦敦药剂师协会将招募学徒的目标设定为十三四岁的上流社会子弟或贵族次子，将草药采集的实践当作药剂学的重要组成部分，不仅要让学徒看到鲜活生长状态的草药，还会对植物进行识别与讲解。虽然是带着任务去进行户外探索的，但是对于这些日常学习与工作都较辛苦的学徒而言，自然探索不失为一次短暂的休息与放松。

在这一时期，英国的户外教育仅局限于贵族精英群体，是以培养绅士、领导者为主的户外教育体系，其教育机会少且成本极高，一般有着强烈的目的性，娱乐性较弱，体育在其中的重要性也不突出。但从历史的演进过程来看，此种以小部分人的改变带动大部分人的文明进步的表现形式在一定程度上为户外教育日后面向广大民众的普及奠定了坚实的基础。

二、户外教育的分层化（19 世纪初至二战前）

19 世纪后英国在政治、思想、经济、教育等领域都有了新的发展，户外教育为了适应当时社会的发展，解决教育过程中出现的问题，而呈现出分层化的特征。19 世纪英国工业革命的发展吸引了大量人口涌入城市，城市化的脚步一发不可收拾，城镇人口的数量已然超越了农村人口，同时也带来了一系列严重的问题，诸如卫生条件差、人口膨胀、青少年犯罪率增加、住房短缺等，而作为社会未来发展中坚力量的青少年，其健康成长与国家的未来休戚相关。当时的青少年身体健康问题较为严重，由于财富掌握在贵族与资产阶级手中，贫血、发育不良、传染病等已严重危害了青少年的健康，儿童的早夭率甚至高达

20%。随着闲暇时间的增加，精力旺盛的青少年在街头游荡，严重影响治安。如何解决城市化带来的青少年失序问题已迫在眉睫。

19 世纪后期，随着中产阶级的崛起，社会中层开始接受贵族式教育，俨然成为当时的新贵族，虽阶级分野依旧存在，但中产阶级能够参与到社会管理中，并不断推动着社会进步。英国开始重视教育的问题，发布了一些与教育相关的政策，为户外教育的开展营造了良好的制度环境。虽然 1870 颁布的《基础教育法》对基础教育作出了一系列规定，但仍无法改变其阶级的分野。公学作为第一等级的学校只为社会中上层以上阶级的青少年提供自由教育。第二等级的学校则为中产阶级输送人才，主要包括军人、医生、律师等。第三等级的学校则是为社会下层阶级开设的，其课程范围极为狭窄，培育出的劳动力主要成为佃农、工匠、小商贩等，知识范围仅限于基本的读、写、算，且强调温顺，便于压榨，若有提供超出范围的课程会受到上层舆论的攻击。

在第二次布尔战争(1899—1902 年)以失败告终后，政府开始反思节节失利的原因，开始关注国民体质。较多新兵因为身体素质不达标而被军队拒收，普遍的身体素质堪忧已经使得军队难以维持，动摇了帝国的根基，使国家处于危难之中。而且随着城市化的大幅度增长，一部分士兵缺乏对自然的接触，在野外生存、隐蔽上劣势凸显，且无法对复杂的地形与环境运用自如。英国教育委员会于 1904 年颁布了《体育锻炼大纲》，对儿童的体质、体育及游戏教学的关注度不断提升，随后在 1906 年颁布的《教育法案》，扭转了政府在教育上所奉行的放任理念，表现出对体育的积极态度，为户外教育的发展营造了良好的氛围。

当时户外教育在公立与私立学校中都存在，但不同阶级青少年所开展户外教育的形式有所不同。

(一)露天学校

“露天学校”这一概念源于上层阶级的“疗养院”，鉴于城市化下生存空间的恶化，人们开始认为新鲜空气对抗病强身有着一定的价值。

1904 年德国柏林郊区，第一家被称为“病童森林学校”的露天学校应运而生。当时的露天学校不少都是建在屋顶之上，且有花园区域，让每个孩子都有属于自己的活动空间，这些身体孱弱、有着些许疾病，诸如贫血、营养不良、肺结核等的贫困儿童在经过三个月的饮食调理、学习、玩耍等一系列康复、教育之后，成功地恢复了健康并返校。英国借用了这种教育理念，使之逐渐兴起，为消除城市不良影响，针对体弱多病的贫困儿童提供了有效的康复干预，为户外教育的发展提供了重要的实践。露天学校的重点不在于知识性的课程，而是将合理的膳食、充足的休息、一定的户外运动、良好的卫生条件等作为重点，让学生通过长时间的户外运动改善自身的体质并调整自身的精神状态。

(二)学校旅行

学校旅行起源于德国的户外教学活动——“海马次坤德法”与“候鸟运动”。“海马次坤德法”提倡在国内进行户外实地作业，“候鸟运动”则是提倡儿童在周边社区散步或是远足，二者皆致力于激起儿童对于自然的热爱，在融入自然的同时能更好地了解自己的国家与人民。英国教育委员会高度重视德国的户外教育，并以此作为学校旅行的灵感，高度认可了户外实地作业及远足的做法，勾勒出英国学校旅行的基本框架。英国政府颁布了一系列政策法案，如 1905 年的《守则》与 1918 年的《教育法案》等，允许学校开展有教育意义的学校旅行，并由地方政府承担食宿与旅行费用，使之不再是教师个人自发的活动，具有了课程的意义。

学校旅行的类型主要分为三种：其一为半日游，是学习期间在当地展开的短距离旅行；其二为休息日游，与其字面意义相同，是在休息日开展的距离较远的旅行；其三为长途旅行，一般在选定区域后要做详尽的计划，时长在一周或更久。学校旅行开展的主要方式是户外实地活动，涉及的不仅是户外体验与基本的观察，还要求学生能够积极地探索，以发现研究对象间更深层的因果关系，强化了学生的逻辑推理能力，丰富了学生的想象力，将知识的形成与使用相结合，为户外教育的发展提供了有效手段。

(三)学校体育运动

学校体育运动是该阶段英国户外教育的重要表现形式，随着，马尔伯罗校长克顿的《告家长书》引入公学的课堂后，一些开明的校长纷纷身体力行，倡导与推动户外教育，使大众运动和户外团体运动从原来的混乱无章逐渐转变为井然有序，其中的价值更是被贵族教育界所接受，成为学校课程的重要组成部分。1864 年克莱伦登公学将游戏引入课程，得到了一致的认可，公学强调游戏社会化的功能，主要是对一些优良品质的形成有着推动作用，如团队协作、自律自强、英勇忠诚、领导力与坚韧不拔的意志等。这时游戏塑造性格的理念逐渐被社会所接受，并不断向中下层社会转化与流动，一时间体育教育内容得到了丰富，如过去仅向士兵提供的体操训练也逐渐进入课堂被平民所练习。与此同时，体操运动在女子教育中也得到了推广，这不仅提高了女性地位，更使教育思想得到解放，虽阶级分野仍较为明显，但在一定程度上已然丰富了英国户外教育的形式。

(四)童子军运动

童子军运动是该阶段最具有影响力的由社会志愿组织为青少年提供的活动。其创始人贝登堡在从西顿创立的“丛林印第安人”的美国青少年户外运动计划中感受到了利用浪漫主义及对大自然的爱可以培养勇敢、有毅力、能自力更生的年轻人，故而明确了童子军运动发展的方向。童子军运动的目的在于帮助青少年充分提高身体素质、情感精神、智力等多方面的能力，为发展更美好的世界作出贡献。童子军运动包括承诺与规则、做中学、合作体系、符号框架、个人发展、自然及成人支持等七个不同的教育元素。

在“承诺与规则”中，青少年是通过童子军法则的引导而进行个人行为的，并不是因规则的限制而被“不做”所支配，并且当青少年选择加入童子军运动时，要当着同伴的面作出保证，证明自己能尽最大的决心按照童子军的准则去生活，这在一定程度上推动了个人社会责任意识与其自身价值观的形成。在“做中学”中，自我教育会伴随青少年终身，并不断影响其今后的生活，青少年通过投身实践，在自然情境中不断提升自我的知识、技能，这将远超教师所强加的任何东西。在“合作体系”中，通常青少年会被划分为6～8人的小组，组内都会有一个领导担任协调者的角色，构成了一个微型的社会，其中的每个人都有其自身需要承担的责任，为了实现共赢而积极地开展团队协作，不断奉献自己的天赋与才能。在“符号框架”中，符号框架为童子军运动需要推广的概念符号，在不同的年龄阶段会有明显差异。如在童年中后期，该符号会集中在儿童社会化过程，以促进对群体的归属感，使所有人均能理解生活的准则；而童年后期，青春期初期、中期、晚期等因为智力、情绪等会有较大的改变，故其对应的符号框架也会随着阶段的改变而更加务实、更加具有针对性。在“个人发展”中，青少年通过在个人发展领域获得知识、技能的预设，选定个人发展目标，制定一套个人发展方案，按照其步调实现自身的意图，在实现之后可进行评估，并庆祝所取得的进步。在“自然”中，强调的是自然环境，如山川、湖泊、森林、沙漠等，重视人在自然环境中的位置，让人在自然中进行实践并得到长足的进步。在“成人支持”中，成年人需要不断提高自己的思想，作为儿童的榜样，帮助青少年实现自我发展。

童子军拥有完整的组织体系，也具备完备的晋升通道，其每个阶段都会有适应本年龄层段发展的活动形式，对应的有徽章及荣誉体系作为激励手段。童子军运动强调活动在户外开展，通过远足、背包旅行、运动、露营等活动不断强化青少年的健康体质、锤炼青少年的顽强意志，提高其团队协作能力。

在这一时期，户外教育体现出“健康”向下流动的趋势，即户外教育已不再是贵族精英所单独享有的教学内容了，虽然仍有阶级的分野，但社会开始重视青少年平民的身体健康问题，并采取了一系列的措施。精英阶层仍着力于青少年领导力的培养，将足球、板球等大众团体竞技运动视为培育青少年性格品质的途径。学校旅行也为社会中上层子弟打开了教育的思路，使其能更好地了解国家与世界，增长见闻，以此来提高自身领导力。而下层阶级只能被动接受那些充斥着鲜明的政治教化性的活动，如童子军运动、露天学校等，虽在一定程度上也有利于青少年的健康发展，但仍摆脱不了明显的阶级性。社会的阶级矛盾依旧尖锐，下层阶级想要得到高水平的户外教育难如登天。

三、户外教育的大众化(二战后至今)

在二战的特殊历史背景下，英国政府在教育领域颁布了一部重要法律，即1944年《教育法》，也称为《巴特勒法案》。该法案较为全面，涉及英国教育的各个方面，包括中等(基础)教育[①]。1944年《教育法》是英国教育史上非常重要的一部法案，具有里程碑式的意义，它的颁布与实施，大大推动了二战以后英国教育的发展，也使得户外教育在学校教育的地位得到加强。在1944年《教育法》中，英国政府鼓励地方教育部门增加户外教育内容，扩展户外教育在学校教育系统中的用途。这个法案推动了英格兰和威尔士学校、青少年俱乐部户外教育的发展，如法案中规定当地教育部门有责任为各级学校提供便利的户外教育训练设施[②]。

19世纪60年代和70年代是英国学校户外教育发展的黄金时期，特别是在苏格兰，大多数地方教育部门给学生提供广泛的户外教育学习机会。1971年7月苏格兰政府出台了第一个针对户外教育的正式文

①甘金球，王芳．英国教育法发展简史及评介[J]．现代企业教育，2007(2):191-192.

②COOK L. The 1944 education act and outdoor education: from policy to practice [J]. History of education, 1999, 28(2) :157-172.

件(804号文件)，这个文件的出台标志着户外教育已经被教育界广泛认可，并被列入苏格兰主流教育政策之中。该文件确定了户外教育的三个不同阶段，分别需要不同类型的户外教育中心来支持。

第一个阶段，入门阶段，是指介绍性的初级阶段，可以从周围环境中获得经验，这个阶段的户外教育学校和当地的日间中心均可提供。

第二个阶段，户外教育通识教育阶段，是在中学的中间阶段，学生通过设定的户外教育课程、娱乐和活动，通过与他人的自然相处获得真正的社区生活经验，此阶段对户外教育中心设施有明确要求，需提供60～80个床位，并且能够满足户外教育课程、社交和娱乐等方面的条件。

第三个阶段，户外教育专业化发展阶段，是满足高年级学生在环境研究和运动休闲(户外运动)等专业化学习需要的户外教育，此阶段的户外教育中心对中心设计、人员和设施提出较高要求，需满足学生专业化学习、发展的要求。在此阶段，两项特殊教育政策的实施也对学校户外教育发展起到了至关重要的推动作用。第一项是1972年出台的提高学生离校年龄的政策(ROSLA)。由于离校年龄的增加，一些带有实用因素的课程加入，如露营课程等，提高学生离校年龄产生的影响成为户外教育进入学校课程的一个关键推动力。第二项是苏格兰职业技术教育资格鉴定政策(SCOTVEC)。定向越野、皮划艇、滑雪、高山行走及航海等被纳入职业资格鉴定中，此项政策的实施被视为苏格兰户外教育工作者的巨大机遇，也大大促进了学校户外教育的发展。在此期间，有一些有影响力的报告进一步推动了英国和苏格兰的户外教育，如1960年的阿尔伯马尔报告和沃尔芬登报告以及1963年的布伦顿报告等①。可以说，这一时期的苏格兰提供着全世界最全面、最规

①BAKER M. Policy development of outdoor education in Scotland[D]. Edinburgh: University of Edinburgh,2016.

范的户外教育。与此同时，英国许多地方政府效仿拓展训练(outward bound)的模式，纷纷建立地方儿童户外教育中心，资助来自城镇的孩子进行户外教育体验。到20世纪80年代末期，英国大部分地方教育部门都设置了儿童户外教育中心，并且出现了一些私人机构给儿童提供户外教育。但随着英国教育政策对学校教育支持力度的加大，政府教育资金直接拨付给学校，使得地方政府对儿童户外教育中心的经费资助大幅削减，导致一部分儿童户外教育中心因经费不足而被迫关闭，户外教育的开展因此受到一定的影响。

1993年莱姆湾皮划艇惨剧发生后，人们对户外教育的安全和风险给予了极大的关注，因此，英国户外教育政策也发生显著变化，政府对于户外教育安全方面的法案出台加速。1995年，英国议会通过了关于户外安全的法案——活动中心(青年人安全)法。同时，一个独立的审批机构——冒险活动许可管理局成立，以规范户外活动，降低户外活动风险。

进入21世纪，随着学校旅行出游活动质量和数量的减少，人们对户外教育质量的担忧增加。特别是随着青少年越来越脱离自然环境，身体锻炼减少，并且很少有机会去学习如何应对现代社会中的危机。英国社会意识到青少年教育中应当加强户外教育，增加青少年户外经验，从而促进其身心健康成长。因此，英国教育政策对于户外教育的支持力度加大，2005年，英国议会下议院教育和技能委员会发布了一份课外教育的报告，其中详细列举了户外教育的价值和重要性，以及户外教育在学校教育中的内容与比例减少，呼吁英国政府更多地保护和促进学校户外教育发展。对此英国政府回应，将发布户外教育声明，出台相关措施促进英国学校户外教育的发展。同年，苏格兰教育部发起并给予资金支持一个为期两年的“连接户外计划”。该计划的重心是结合当时及新兴的户外教育重点和政策、项目和人群，开发并合理分配资源，继续提高户外教育质量。

第二节　英国基础教育中的户外教育

一、英国基础教育中户外教育的课程目标

英国是中小学实施户外教育较早的国家，特别是二战后，户外教育在英国基础教育中出现快速发展期，户外教育被认为是学校教育的必要手段。英国户外教育界认为，户外教育提供深度体验课程，对学生的身体、个人和社会教育具有重要意义。

英国基础教育中户外教育课程总目标分为三个维度：一是身体目标，即促进身体健康，提高身体素质；二是个人教育目标，即个人能力发展目标，包括自我概念、运动技能、人际交往、领导力及探索精神等个人能力发展；三是社会教育目标，包含环境教育、公民教育目标等。

户外教育是一个复合型的课程，不同教育议题的出现会影响户外教育的内涵，所呈现的课程目标也不尽相同。例如，在体育课程中出现的户外教育的主要目标是户外运动技能的掌握和探索、冒险精神的培养、露营教育的主要目标是个人自理能力的培养，团队意识和实践操作能力的培养等。

英国户外协会总结了十一个户外教育的目标供教育者在开发课程时进行参照，分别是快乐、自信、社会意识、环境意识、运动能力、个人素质、关键技能、健康和健身、增强学习动机、增强学习欲望及开阔视野等。鉴于户外教育课程目标的综合性，英国教育与技能委员会鼓励所有学校重视户外教育，从而促进学生的智力和能力发展，促进他们的自然成长。

二、英国基础教育中户外教育的内容

英国有两种不同的教育管理体制，一种是英格兰、威尔士教育体制，一种是苏格兰教育体制。因此户外教育课程在两种教育体制中有一定的差异。英国国家体育课程计划中鼓励学校将户外和冒险活动作

为六项活动之一开展，因此，在英格兰、威尔士教育中户外教育以“户外和冒险活动”形式出现在体育课程中，各学校根据师资力量和资源开展不同的户外活动。而在苏格兰，户外教育不作为正式、独立形式的课程出现，学生接受户外教育是通过“额外课程”或者通过整合后的五大领域课程(个人和社会发展、环境研究、数学、宗教与道德教育、表现艺术)来实现。[①]

户外教育主要是一种通过活动获得经验的教学活动。户外教育的显著特点是与体育教育和环境教育存在交叉重叠，它们之间相互促进，带来特殊的教育贡献。户外教育往往包含体育教育和环境教育的部分，例如，具有冒险成分的运动项目(如定向运动、攀岩、航行)，户外休闲活动(如露营、登山、绳索及探路、溯溪等)。

英国下议院教育与技能委员会2005年发布的报告中指出，户外教育涉及一系列领域的学习，包括：①科学与地理野外实习；②体育；③户外游戏学习；④历史和公民教育；⑤艺术与设计；⑥环境与农村教育、可持续发展教育；⑦职业技能教育；⑧自我概念和社交能力培养；⑨环境课程等。[②] 即利用户外教育加强其他学科的学习。该报告中的户外教育更像是一种方法，本质上是跨学科的，是综合课程的组成部分，而不是作为独立课程存在的。

英国学者理查德·莱米(Richard Lemmey)的研究中列举了小学户外教育课程的一个例子。一年级户外教育内容包括：通过环境刺激的舞蹈课程，应用自然材料的艺术课程，野外采集整理课程，户外徒步等。二年级户外教育内容包括：探索森林，观察天气，初级定向活动等。三年级户外教育内容包括：地图游戏，反映当地历史的步道活动，

---

①ALLISON P，TELFORD J. Turbulent times：Outdoor education in Great Britain 1993—2003[J]. Australian journal of outdoor education，2005，9(2)，21－30.

②House of commons education and skills committee. education outside the classroom[R]. London：The stationery office limited，2005.

野外定向介绍等。四年级户外教育内容包括：户外运动，环境意识培养，定向运动，制作区域地图等。五年级户外教育内容包括：定向越野比赛，野炊，野外营地的设计与搭建，皮划艇，独木舟，地方历史等。六年级户外教育内容包括：户外问题解决，定向运动，独木舟，峡谷行走，独自行走旅程等。①

除了国家规定课程的户外教育内容外，学校与户外教育中心合作，由户外教育中心完成的户外教育课程也是英国学校户外教育中重要的组成部分。各地户外教育中心根据学校要求和各自所处地理环境，开设针对不同年龄段学生的多种户外教育课程。例如，位于英格兰赫里福郡的 Dinedor 户外教育中心提供的课程包括：团队建设、山地行走、定向运动、越野自行车、野营技术、急救、野生动植物知识、艺术、历史、创造性游戏等，详见表 4－1。

表 4－1　Dinedor 户外教育中心的主要课程(中、英文)

课程	Courses
团队	team building
山地行走	trail walking
主动性练习	initiative exercises
定向运动	orienteering
越野自行车	off road cycling
故事讲述	story telling
野营技术	camp craft
急救	first aid
野生动植物	resident wildlife

①LEMMEY R. The scope for provision of outdoor education in primary schools—an english case study [EB/OL]. [2022－10－25]. https://files. eric. ed. gov/fulltext/ED471725. pdf. .

续表

课程	Courses
艺术	art
历史	history
野外调查	field study
创造性游戏	creative play

而位于威尔士的 Plas Gwynant 户外教育中心根据小学、中学学生的不同特点设计不同课程内容，通过破冰活动、海滩探索、山地探险、定向运动、皮划艇、绳降、丛林生存知识与技能、环保任务等具体课程促进学生个性与社会性、环保意识、运动技能和健康生活方式的发展，详见表 4－2。

表 4－2　Plas Gwynant 户外教育中心的主要课程(中、英文)

课程	Courses
破冰活动 （开展户外活动前的热身活动方式）	ice breaking session on arrival
海滩探索	beach exploration
山地探险	mountain adventure
定向运动	orienteering
皮划艇	canoeing
绳降	abseiling
丛林生存知识与技能	bushcraft
环保任务	conservation tasks

从户外中心针对中小学生开设的课程内容来看，主要涉及生物学、地理学、生态学、户外运动等方面的知识和技能，目标主要集中在三个方面：一是户外运动知识与技能发展；二是学生综合能力发展；三是自然知识与环保意识发展。

三、英国基础教育中户外教育的实施

英国基础教育中户外教育的开展与实施受到政府、户外教育中心、户外运动协会和俱乐部的多重支持。由于户外教育的开展从场地、师资到安全保障均涉及专业性和综合性，单靠学校一方实现较为全面的户外教育是不现实的。学校根据资源开展自身特色的户外教育，其他户外教育开展依靠其他社会专业机构协助实现。在基础教育阶段，学校、户外教育中心、户外运动俱乐部及青少年团体在户外教育实施过程中各自扮演不同的角色，发挥不同的作用。

(一)学校

学校在提供高质量户外教育方面起到核心作用。学校除了在体育课程中提供户外运动和户外冒险活动的课程，还经常通过学校俱乐部和爱丁堡公爵奖提供校外户外学习机会，并组织学生到户外教育中心参加不同类型的户外教育活动。

实践证明，如果户外教育能较好地融入学校教育体系，将会发挥出户外教育的最佳效果。因此，为保证户外教育的教育质量，促进学校户外教育的发展，英国政府教育主管部门在2002年引入教育访问协调员(EVC)机制，教育访问协调员的职责是与地方教育局的户外教育顾问保持联络，保证各学校户外教育的有效实施及安全保障。英国所有地方教育局都引入这一机制，有些地方甚至是每一个学校都有一个教育访问协调员。[①]

(二)户外教育中心

英国各地多设有儿童户外教育中心，这些户外教育中心构成形式也是多样化的，既有当地政府部门主办的，也有志愿机构、慈善机构和商业机构运作的。这些中心提供全面的、不同导向的青少年户外教

① House of commons education and skills committee. education outside the classroom[R]. London：The stationery office limited,2005.

育课程，对青少年综合能力发展产生实质性影响，帮助解决青少年成长过程中遇到的实际问题，培养他们的自然生态意识。户外教育中心强调利用环境开展户外教育，中心通过专业的设施及专业的师资为在校学生提供安全专业的并且与学校课程相衔接的户外教育，与各地方学校形成良好的合作。许多户外教育中心还提供个人课程，例如，假期就为青少年学生提供各类户外教育课程，因材施教，使青少年学生身心得到协调发展。

(三)户外运动协会和户外俱乐部

户外运动协会和户外俱乐部在学生户外教育中也发挥着重要的作用，主要体现在师资和活动组织两个方面。户外运动协会和户外俱乐部在师资方面给予学校支持，派出专业师资保证学校户外教育的顺利开展。户外运动协会和户外俱乐部在活动组织方面也给学生提供了参与的机会。如独木舟协会(俱乐部)、登山协会(俱乐部)等在课余时间组织的泛舟及登山活动为学生提供了宝贵的机会去体验和参与冒险活动，活动中通常伴有一些竞争性的活动内容，这种竞争环境有助于学生户外运动水平的提高，并对学生的广泛学习和个人成长有很大帮助。

第三节　英国高等教育中的户外教育

中小学户外教育是英国教育部门重点关注与推展的教育活动之一。大学阶段户外教育作为大学生实践教学和生活的一部分也蓬勃发展，但多是自发组织和参与的。因此，英国高等教育中的户外教育部分我们重点讨论户外教育的专业设置情况。

户外教育的实践性、专业性和综合性决定了户外教育师资必须经过专业、系统的培训才能够胜任。英国户外教育的发展需要大量户外教育者的支撑，而不同领域户外教育者需要不同的学术背景和专业户外实践背景，这些直接推动了户外教育专业在高校的设置。自 20 世纪

60年代以来，鉴于户外教育师资力量的缺乏，英国部分高校开始设置户外教育师资培训的学位课程，其中，还有一部分高校将户外教育课程作为体育教师专业培训课程的一部分。这些学位课程的提供不仅解决学术和户外技能方面的培训，还培养户外教育工作者的专业素养和良好的判断力。进入20世纪90年代，随着户外教育的蓬勃发展，更多的高校开设了更为广泛的户外教育课程内容。同时一部分高校设置了户外教育类专业，提供户外教育本科和研究生教育，其中较具代表性的有利物浦约翰摩尔斯大学、爱丁堡大学、班戈大学、圣马丁大学等。

一、英国高校户外教育专业设置概况

英国高校中的户外教育课程主要是以户外教育类专业学位课程出现的，因此课程的主要目标是培养户外教育类专业人才，为英国户外事业提供各类专业人才，特别是户外教育中心、海外探险、户外领队、体育教学、地理教学、环境教育、野外调查、发展教育、户外技能培训、生态旅游与探险旅游等领域，保证了英国户外事业的顺利开展。

英国各高校户外教育专业的开设各具特色，人才培养目标也存在一定差异。利物浦约翰摩尔斯大学开设户外教育专业学位课程，2001年，在英国教学质量评估中户外与环境教育本科专业获得满分，是英国最高质量的户外教育专业。专业主要分为户外运动教练、体育教育、环境教育或地理教学等方向，各方向所修课程模块不同，授予户外教育学士学位，该校还提供户外教育专业硕士、博士学位教育。爱丁堡大学莫雷学院也是英国最早开设户外教育专业课程的高校之一，设有户外教育、户外环境与可持续发展教育两个专业，该校也提供户外教育的研究生教育。班戈大学侧重于户外休闲娱乐，该校户外教育课程设置在体育学科下的户外休闲娱乐方向，学生选择修读相关模块，完成学业要求，授予体育学(户外休闲娱乐方向)学位。英国部分高校户外教育专业的开设与人才培养方向见表4-3。

表4-3 英国部分高校户外教育专业与人才培养方向

学　校	专　业	方　向
利物浦约翰摩尔斯大学	户外教育	户外运动教练 体育教育 环境教育 地理教学
爱丁堡大学莫雷学院	户外教育 户外环境与可持续发展	户外教育 环境与可持续发展
班戈大学	体育科学	户外休闲娱乐
坎布里亚大学	户外教育	户外教育
斯特灵大学	环境科学	环境科学与户外教育

二、英国高校户外教育专业的课程内容

(一)利物浦约翰摩尔斯大学户外教育专业的课程内容①

作为英国质量最高的户外教育专业院校，利物浦约翰摩尔斯大学户外教育课程分为本科、硕士、博士三个层次，同时面向其他专业作为选修课程。户外教育本科专业专注于户外技术、户外教练与领导技能，课程为学生提供了广泛的学习与实践机会，包括英国各地不同环境下的户外领导、地理实地考察以及选择性的国外实习机会，提供户外运动教练、体育教育、环境与地理教育不同的专业方向，为将来从事各种户外职业打下坚实的专业基础。

1. 户外教育专业培养目标

户外教育专业将提供以学生为中心，动态、合理、刺激的培养方案，该方案旨在通过理论、研究和实践的结合，为学生提供具有挑战

①资源来源：利物浦约翰摩尔斯大学网站(https://www.ljmu.ac.uk)。

性的、高质量的、灵活的以及体验式的学习过程，培养目标包括以下方面。

(1)在安全、严谨、学术的基础上，运用多种户外教育手段、方法，对学生体力、智力、心理及精神提出各种挑战，满足学生需求，发展学生潜力，促进学生成长。

(2)利用广泛的智力资源、学术观点及多学科知识增进学生对户外教育的理解，了解其起源、发展及历史背景。

(3)使学生了解他们对地方、国家和全球环境的影响，从而发展学生可持续发展的价值观和判断力，培养学生可持续发展背景下物理和生物资源开发理念。

(4)为学生提供安全可靠的户外领导能力学习环境，包括户外运动、领导力和教练方面。

(5)使学生掌握一系列户外教育活动和实践知识，户外教育的哲学基础和理论原则，包括体验式学习、发展训练、环境教育、跨学科教学方法及治疗方法。

(6)为学生提供户外工作者所应掌握的知识和理念，包括哲学、心理、生理、地理、科学和环境等多学科知识。

(7)培养学生一系列品质和可迁移技能，为学生继续学习和就业打下基础。

(8)为学生提供多种职业生涯发展路径。

(9)发展在地理和环境项目中所需要的田野调查技巧、观测与记录能力。

(10)培养学生高水平的对户外教育实践活动的认识和理解，以便能够在实践中评估活动的适宜性和有效性。

(11)评估人类活动对局部和全球环境问题的影响。

(12)培养学生高水平的对环境问题的批判意识和理解，以及学生评价生态足迹对人类生活方式和工作模式影响的能力。

2. 户外教育专业课程内容体系

利物浦约翰摩尔斯大学户外教育专业学制为 3 年，完成规定的课程及学分授予户外教育学士学位。Level 4 需完成 120 学分的必修课程，Level 5 需完成 100 学分的必修课程和 20 学分的选修课程，Level 6 需完成 100 学分的必修课程和 20 学分的选修课程。户外教育专业课程设置参见表 4－4。

表 4－4　利物浦约翰摩尔斯大学户外教育专业课程设置

课程等级	必修课程(学分)	选修课程(学分)	学分要求
Level 4	户外和探险教育发展(20 学分) 户外教育中的地理和生态视角 1(10 学分) 探险实用技巧(20 学分) 户外探险领导 1：高山与河流(20 学分) 户外探险心理学及生理学(20 学分) 户外探险专业实践 1(20 学分) 户外教育中的地理和生态视角 2(10 学分)	无	120 必修学分
Level 5	户外教育的环境视角(20 学分) 探险实用技巧 2(20 学分) 户外探险领导 2：极端环境(20 学分) 户外探险的应用心理视角(10 学分) 户外探险专业实践 2(20 学分) 工作相关学习 1(10 学分)	体育教师教育 1(20 学分) 地貌过程与自然灾害(20 学分) 教练课程 2(20 学分)	100 必修学分 20 选修学分

续表

课程等级	必修课程(学分)	选修课程(学分)	学分要求
Level 6	户外探险教育论文(40学分) 户外教育高级专业实践(10学分) 户外教育重要观点(20学分) 户外探险领导3(20学分) 工作相关学习2(10学分)	体育教师教育2(20学分) 冰川演化、河流与喀斯特地貌(20学分) 教练课程3(20学分)	100必修学分 20选修学分

在Level 5和Level 6之间，学校将安排为期3周的必修实习课程，检测学生所学知识与技能，学校将给予学生支持，使学生能够自主选择户外教育领域进行实习。这种教学安排帮助学生了解自我，选择个人喜欢从事的领域，认清发展方向，对将来的学习起到很好的促进作用。

从该专业课程内容安排来看，课程涵盖了地理学、生物学、心理学、生理学、教育学及体育学等多学科知识，既有理论课程支持，又包含多样化的实践课程，丰富的课程体系对人才培养起到有效支撑，有助于人才培养目标的实现。

3. 户外教育专业课程的实施

1)优秀的师资保障

高质量的教学离不开优秀的师资，该校发展50余年的户外教育专业拥有雄厚的师资队伍，教师知识、技能结构合理，专业能力强，户外经验丰富。教师社会经历丰富，均在户外行业协会或户外专业团体从事相关工作，例如，在英国登山协会、户外教育中心、独木舟协会和英国探索研究所从事研究和实践工作。每位教师都有擅长的专业领域，涵盖户外运动(攀岩、登山、定向越野、皮划艇等)、户外探险与领队、野外急救、环境教育、生态教育等多领域。

2)与社会专业机构合作

为保证教学质量，特别是实践教学领域，该校与英国各户外运动协会开展广泛合作，邀请教练对学生进行授课和教学指导。学生通过专业课程学习后，参加户外运动协会资质认证考核，如攀岩等级认证、登山领队认证、野外急救认证、独木舟协会教练认证等。

3)教学质量评价

该校通过内部和外部的学生调查(如校内和全国学生调查)、模块评价问卷和学生代表会议等多种渠道收集学生对该专业课程及教学质量的评价信息，利用一系列反馈数据和结果，定期改进专业培养方案，保证专业培养质量和标准，提高户外教育专业人才培养质量。

4)教学实践与实习

户外教育最突出的特点在于它的实践性强，因此该校为学生提供了多种户外实践和实地考察机会，例如，经常前往斯诺多尼亚山、约克郡山谷等地开展登山、攀岩及其他专业训练和实践，促进学生更好掌握各种户外技能和户外实用技巧，积累户外经验，为学生从事户外行业打下坚实基础。学校还定期为学生提供良好的户外产业领域内实习机会，如探险领队、户外教育中心工作、环境教育、户外教育教师、滑雪场管理等领域。

(二)爱丁堡大学莫雷学院户外教育专业的课程内容

1971 年的凯恩戈姆(Cairngorm)登山悲剧推动了社会对于户外培训的需求，从而推动了户外教育课程在高校的开设。莫雷学院从 1972 年开始开设授予户外教育文凭的专业课程，通常招收 12～14 名学员，满足想要从事户外教育或者进一步提高户外教育水平人员的需求。1987 年莫雷学院与邓弗姆林体育学院合并，两校都有长期开展户外教育的传统，合并以后，户外教育专业实力增强。1998 年，莫雷学院并入爱丁堡大学，成为其下属教育学院。如今莫雷学院户外与环境教育系致力于户外、环境和可持续发展教育的研究、教学和推广，是英国高质量户外教育的代表之一，目前开设有户外教育、户外与环境教育两个专业，培养硕士、博士等不同层次的户外教育人才。

1. 户外教育专业培养目标

该校户外教育专业旨在为冒险教育、远航教育、户外休闲、生态旅游、青少年发展、体育教育和户外教育中心等领域培养专业人才。户外与环境教育专业重点关注环境和可持续发展教育，为环境教育中心、解释中心(自然或文化遗产机构)、非政府环境部门、非营利组织，以及与环境相关的政府工作部门培养输送户外专业人才。该校户外教育专业课程注重能力的培养，主要包括以下三个方面。

(1)技术能力：发展在野外生活和迁移的能力。提高野外生存能力，获得与这些活动相关的教学技能以及各种户外环境下的安全防范能力。

(2)专业实践能力：专业教学能力与教学经验。教学经验是要靠实践得来的，因此学生需要参加 5 周的专业教学实习。

(3)判断能力：合理判断和风险评估能力。学生在学年结束的时候会被要求参加一个团队探险项目，整个过程的计划、准备、实施和总结需要学生自己完成。这给学生提供了技能、知识运用的机会。参加者要根据实践中的各种因素承担责任，作出判断和决定，依据各种实际情况下作出的判断对团队和个人在探险过程中的表现进行评价。①

2. 户外教育课程内容

爱丁堡莫雷学院户外教育课程分为八个模块，分别为：户外环境教育、个性和社会性发展、体验教育、户外教育与社会理论、景观解读、生态学与田野研究、教育与环境公民权、研究方法课程详见表 4 - 5。

---

①HIGGINS P，MORGAN A. Training outdoor educators：integrating academic and professional demands [EB/OL]. [2022 - 10 - 26]. https://files. eric. ed. gov/fulltext/ED471721. pdf.

表 4-5 莫雷学院户外教育课程模块(中、英文)

课程	academic courses
户外环境教育	outdoor environmental education
个性与社会性发展	personal and social development
体验教育	experiential education
户外教育与社会理论	social theory and outdoor education
景观解读	interpreting the landscape
生态学与田野调查	ecology and field studies
教育与环境公民权	education and environmental citizenship
研究方法课程	sources of knowledge

在爱丁堡大学莫雷学院，户外教育研究生课程又分为三种不同层次，研究生证书(postgraduate certificate)、研究生文凭(postgraduate diploma)、硕士课程 (MSc courses)，不同层次研究生对课程修读有不同要求。主要课程包括以下方面。

1)户外环境教育课程

课程内容包括：英国环境教育与国际环境教育发展趋势；环境哲学角度下的实践活动；世界观探索；环境哲学和环境教育文献分析；体验式学习在环境教育中的作用；环境教育的个人和机构观点；户外教育与环境教育的关系等。

教学目的包括：深入了解环境教育的概念；探索环境教育理论及其启示；了解环境教育的历史发展和可持续发展教育的出现；能够制定户外环境教育方案；将环境责任作为专业实践的指导原则；能够将所学课程知识灵活运用到实际工作领域。

2)个性与社会性发展课程

课程内容包括：个人价值观理解；价值观教育与道德发展的理论与实践；情感、心理和精神的组成；不同参与群体的学习途径；在个性与社会性发展中推动者的作用；个性和社会性发展的最新理论。

教学目的包括：检视以前个性和社会性发展经历，进而在课程学习中获得更多经验；能够分析个性和社会性发展技巧的适用性；了解塑造、发展价值观和道德的影响因素，掌握促进其发展的方法；利用户外教育内容发展人际交往能力；利用体验技巧最大化促进个性和社会性发展；

3)体验教育

课程内容包括：体验式教育的哲学渊源；体验式教育的理论发展；当前体验教育理论与模式；体验式教育理论在发展实践中的作用。

教学目的包括：了解体验式教育的哲学渊源和理论发展；体验式教育实践下的本体论和认识论学习；利用体验式教育理念，通过体验找到促进学习的正确策略；学会对体验式教育教学策略进行批判性评价；学习体验式教育过程对身体、情感、审美及个性和社会性发展的影响。

4)生态学和田野调查

课程内容包括：生态原则；人口自然选择和物种形成，人口动态；社区、栖息地、生物多样性；生物和非生物对社区的影响；欧洲立法对景观的影响；自然遗产的保护与管理；体验式环境教育技术；户外活动的设计、实践与评价等。

教学目的包括：了解基本的生态原则；了解自然选择和人口增长相关知识，以及自然选择和人口增长对于气候和人类的影响；学会利用生态原理解释环境问题；熟知保护和管理自然栖息地、半自然栖息地的重要性；积累田野调查经验，正确使用田野调查技术；学习并掌握保护自然遗产相关理论知识。

3. 户外教育的实施

1)实施的师资保障

爱丁堡大学莫雷学院是英国最早开设户外教育课程的高校之一，

有着优良的传统和丰富的办学经验，其户外实践、教学及科学研究均在国际户外教育领域具有较高声誉。高水平的师资保障了高质量的教学和人才培养，其中最具代表性的是皮特希金斯教授，他在国际户外领域享有较高声望，获得爱丁堡大学终身教授，是英国乃至整个欧洲唯一一位户外领域的终身教授。皮特希金斯作为环境物理学学士、生态淡水学硕士和生物学博士，拥有深厚的户外学科理论功底，同时具有高水平的户外运动能力和户外实践经验。他获得了多项户外运动资质认证，包括独木舟、皮划艇、自由式滑雪和登山等英国和欧洲户外机构的资质认证。在他的带领下，在学校其他户外教师的共同努力下，该校一直保持着高质量的户外教育。

2)实施的资源保障

实践是户外教育课程的核心部分，高质量的户外教育只有高水平的师资力量是不够的，还需要强有力的资源保障。爱丁堡大学莫雷学院户外教育课程有着设施完备、合作关系良好的户外教育基地和多处野外实践基地。如 Woodlands 户外中心、Firbush 户外中心作为莫雷学院开展户外教育教学和实地考察的主要场所，周围有着丰富的自然环境和各种地貌，适合开展种类多样的户外教学，特别是户外运动类教学的开展，如登山活动、滑雪、攀岩、独木舟、皮划艇、帆船和山地自行车等。莫雷学院同户外行业领域的各种单位保持合作，为学生教学实习提供了有力保障，使学生在户外实习过程中将知识和实践融会贯通，促进了知识技能的掌握，同时为将来在户外领域内的就业打下良好基础。

第五章 新西兰学校户外教育研究

第一节 新西兰户外教育发展概述

新西兰得天独厚的地理条件，保护良好的生态环境，健全的户外服务设施使新西兰成为户外爱好者的首选，因而新西兰有着“户外运动爱好者天堂”的美誉。户外产业是新西兰最主要的新兴产业之一，发达的户外产业源于新西兰悠久的户外文化和健全的户外教育体系。

一、户外教育进入学校教育课程

新西兰是户外教育进入正规学校教育课程较早的国家之一。1935年新西兰工党成为执政党，发起各项改革，教育改革就是其中最重要的改革内容之一。1936 年的教育改革使小学课程的设置更具灵活性，课程更加适应学生兴趣和需求。1937 年，在进步主义教育思想的推动下，工党在学校课程的改革中更加注重体育教育，从那时起，户外教育内容出现在学校体育课程之中。到 20 世纪 40 年代初期，工党将教育改革重心转向中学教育。受二战的影响，社会对学校教育提出了新的要求，由于战事的需要，新西兰服兵役年龄大幅降低(1944 年为 14周岁)，中学生也成为参军的主要人群。在这样的背景下中学文化课程被削减，原先只在部分中学出现的徒步、登山、滑雪等户外教育课程成了中学的常规课程。

工党的一系列改革措施促进了新西兰社会的发展和民众生活水平的提高。自 20 世纪 50 年代起，新西兰民众可自由支配收入逐步增加，而随着大众经济收入、可自由支配时间的增多，私人交通和乡村设施的发展，新西兰户外人口大幅增加，户外休闲运动快速发展，而户外休闲娱乐活动的快速发展再一次促进了户外教育在学校教育中的发展与快速推进。

二、学校露营的发展

露营是户外教育课程的重要部分，它的发展也是新西兰户外教育发展的缩影。1939 年，奥克兰师范学院发起新西兰第一次正式的学校露营，获得了当地教育部门的许可。露营是在学校常规的教学时间进行的，为期两周。露营内容与学校课程有着密切的联系，包括自然科学、音乐、美术、手工、民间舞蹈、实用数学、急救、游泳和救生等。

此后，学校露营活动在新西兰逐步展开。1942 年，处于二战中的新西兰，很多学校被军事和医疗机构所占用，特别是在北帕默斯顿，学生没有教室可用。得到新西兰教育部批准后，该地区实施了被称为“大胆且富有想象力的教育实验”的学校露营活动，推动了学校露营的又一次发展。1956 年，怀卡托港露营学校开始面向小学生、初中生及部分高中生开展学校露营活动，第一年就有数百人参加。经过多年的发展，现在该露营学校每年参加露营活动的学生都超过千人以上。

在新西兰，怀卡托港露营学校不是第一个发起学校露营活动的，但却是第一个能够持续开展学校露营活动的机构，它为新西兰全国各地的户外教育建立了一个标准。1956 年后，开展露营的学校逐年增加，到 1965 年，小学露营已经覆盖整个新西兰，开展状况存在地区差异。在 20 世纪 50 年代，只有小部分中学开展露营教育，进入 20 世纪 60 年代，受拓展训练课程的启发，越来越多的中学引入户外教育课程。如 1964 年，马顿的朗基蒂凯学校开展冒险露营项目，内容包括登山安全训练、领导力训练、丛林技能、射击、划船、潜水和射箭等。该时期新西兰学校户外教育得到了迅速发展，但只是作为学校教育的一个额外选择，或辅助教育方式，没有列入学校教育的正式课程，也没有得到国家教育主管部门的大力推动。

三、户外教育的快速发展

社会环境和公众热情推动了20世纪60年代新西兰户外教育的快速发展，究其原因，主要包括以下几个方面。第一，第一届工党政府推行的自由主义教育思想被公众广泛接受，户外教育推行者大力宣扬户外教育对青少年身心全面发展具有积极的促进作用，由此而得到了学校及教育机构的认同。第二，20世纪60年代，新西兰政府允许学校开展学术和与职业相关课程以外的活动，给予教育者较大的发展空间与自由度。第三，教师、课程专家及社区赞助等使得户外教育的开展有足够的人力与资源支持。第四，教育改革中小学自然科学教学的变化和小学教育中军事学员培训为户外教育带来了发展契机。①

20世纪90年代以前，新西兰学校户外教育得到了一定的发展，一度成为部分中学教育体系的重要组成部分。但总体来看，户外教育在学校教育体系中基本处于边缘位置，国家教育部门及国家出台的教育政策中并没有明确户外教育在学校教育中的地位和作用。1999年，新西兰进行了历史上最深入、最全面的课程改革，此次课程改革作为新西兰社会改革的一部分酝酿了长达15年之久，在这次课程改革中户外教育作为正式课程被新西兰教育部列入国家课程范围，成为体育与健康教育的一部分，户外教育在新西兰学校课程体系中的地位和作用得到进一步的明确。②

---

①LYNCH P. The origins of outdoor education in New Zealand: progressive liberalism and postwar rejuve nation, 1935 - 1965[J]. Journal of physical education New Zealand, 2003,36(1): 63 - 81.

②LYNCH P. Educational "traditions" and school "topics": outdoor education in New Zealand schools 1935 - 1965[J]. History of education review, 2005, 34(1):19 - 34.

第二节 新西兰基础教育中户外教育研究

一、新西兰基础教育中户外教育的目标

户外教育出现在新西兰教育中已经超过150年的历史，学校教育体系中户外教育的目标也随着时间的推移、课程内容的变化而进行着不断转变。20世纪40年代之前户外教育的目标主要是休闲娱乐，之后课程目标向多样化发展。20世纪70年代后，户外教育的目标再次发生转变，户外教育目标强调与就业能力相关。直到1999年，户外教育作为体育与健康课程的一部分正式进入国家课程，新西兰教育部对户外教育的课程目标进行了明确的规定。①

新西兰1999年版的体育与健康课程汇集了健康课程、体育课程和部分家政学课程②，包括心理健康、性教育、食品与营养、身体护理和人身安全、体育运动、体育研究与户外教育。体育与健康课程的总体目标为：通过体育与健康课程学习，发展学生知识、技能、态度及动机，有助于学生作出明智决定，采取恰当行动，从而促进个人幸福、他人幸福和社会幸福。

户外教育学习领域的具体目标是：为学生提供发展个人技能和社会技能的机会，使学生在户外变得活跃、安全和熟练，保护和爱护好自然环境。

二、新西兰基础教育中户外教育的内容

1999年新西兰教育部的文件显示，户外教育被新西兰列入正式的

---

①LYNCH P. Fitting in and getting on:learning in the school of outdoors[J]. Childrenz issues: Journal of the children's issues centre,2000, 4(2): 32-35.

②CULPAN I. Getting what you got: Harnessing the potential[J]. Engineering, 2000,33(2):16-30.

国家课程范围，其目标需要通过一系列结构清晰、组织有序的户外教育活动来实现，教育部规定的户外教育内容是围绕以下六个方面展开的。

(1)专注于身体技能发展、兴趣和快乐的冒险活动和户外活动。

(2)重点发展个人和人际关系技巧的冒险活动和户外活动。

(3)学习新西兰和其他文化群体的传统、价值观、遗产，包括毛利土著族文化。

(4)掌握户外休闲活动对环境影响的相关知识，制定对个人和群体安全、挑战及风险进行评估和管理的策略。

(5)学会如何在社区内开展户外娱乐游憩活动。

(6)了解如何在社区内获得户外娱乐的机会。

除了国家规定的体育与健康教育中的户外教育课程，户外教育活动对其他中小学课程也具有较强的支持作用。学者辛克和迈克尔·博伊斯(Michael Boyes)对新西兰户外教育的性质和范围做过调查。在对147所小学的调查中，户外活动几乎支持所有课程的教学活动，其中户外活动在体育与健康课程中的应用是最广泛的。74%的受访者表示他们频繁应用户外活动来加强体育与健康课程的教学；69%的受访者表示他们应用户外活动来加强科学课程；60%的受访者表示他们应用户外活动来加强社会研究课程；54%的受访者应用户外活动来加强环境教育；户外活动在艺术和技术课程中应用较少；29%的受访者应用户外活动加强数学和语言课程，如图5-1所示。①

①ROBYN Z, BOYES M. The nature and scope of outdoor education in New Zealand schools[J]. Australian journal of outdoor education, 2006, 10(1): 11-21.

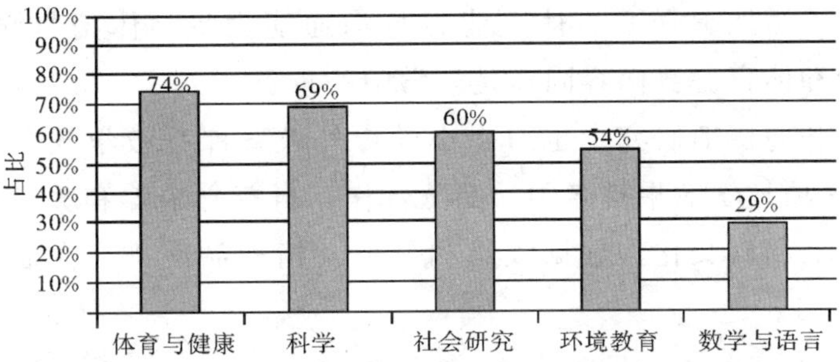

图 5－1 户外教育活动在小学各课程教学中的应用

小学户外教育活动是多样的，常见的包括绳降、丛林徒步、露营、攀岩、帆船等；不同的户外环境也被应用在不同内容的教学实践中，如植物园、农场、自然保护区、山地、岩石海岸、湿地等。户外学习体验的多样性反映在小学教育中。首先，户外教育被用来丰富学校课程内容，是各个学科教育辅助方式之一。其次，户外教育是个性与社会性发展的需要。最后，户外教育是户外休闲活动的主要途径。

在新西兰，户外教育在学生 11 岁之前属于必修课程，11 岁后的中学阶段，体育与健康课程成为选修课程，因此中学户外教育与小学户外教育存在一定差异。首先，中学户外教育的主要目的不再像小学那样用来丰富其他课程内容，中学户外教育的重点是学生个性和社会性发展。其次，中学户外教育活动的指向性更强，通常开展的是特定主题的实地考察，如生物学、经济学、地理学、数学、科学、历史等学科课程的实地考察与学习研究。

三、新西兰基础教育中户外教育的实施

(一)户外教育教学效果

体育与健康课程中户外教育的具体目标提出：为学生提供发展个人技能和社会技能的机会，使学生在户外变得活跃、安全和熟练，保护和爱护好自然环境。因此新西兰中小学户外教育课程对学生个性和社会性发展给予更多的关注，包括团队合作、自尊心培养、关心他人、

安全知识、增加责任心、社交能力与沟通能力等。休闲与娱乐技能、环保行动和体育健身内容同样是教学中的重点。

辛克和博伊斯研究中也对中小学户外教育课程教学效果进行了调查，在18项教学效果排名中，团队合作、自尊心培养和关心他人等排名靠前，毛利族文化、数据收集和分析及精神品质排名靠后。调查结果见表5-1。

表5-1 户外教育教学效果排名

教学效果	排名
团队合作	1
自尊心培养	2
关心他人	3
安全知识	4
增加责任心	5
社会能力和沟通能力	6
问题解决能力	7
领导力	8
环境知识与鉴赏	9
生存技能	10
娱乐与休闲技能	11
批判性思维	12
环保行动	13
体育健身	14
文化/民族学习	15
毛利族文化	16
数据收集与分析	17
精神品质	18

(二)户外教育开展场所分析

户外教育的内容不同对环境的要求也有所不同，新西兰户外教育课程要求在中小学存在差异，因此中小学开展户外教育的主要场所也存在一定差别。

新西兰学校户外教育的研究表明，小学户外教育教学发生在不同的场地，但是大多数的户外教学是在校园内完成的，其次是户外教育中心、乡村与城市区域、国家公园及其他一些地方，如图 5-2 所示。

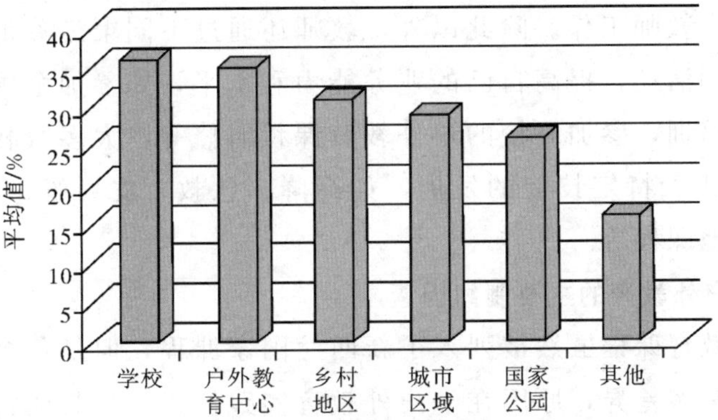

图 5-2　小学开展户外教育的主要场所

中学户外教育开展的主要场所是乡村地区，然后是户外教育中心和国家公园等地方，如图 5-3 所示。

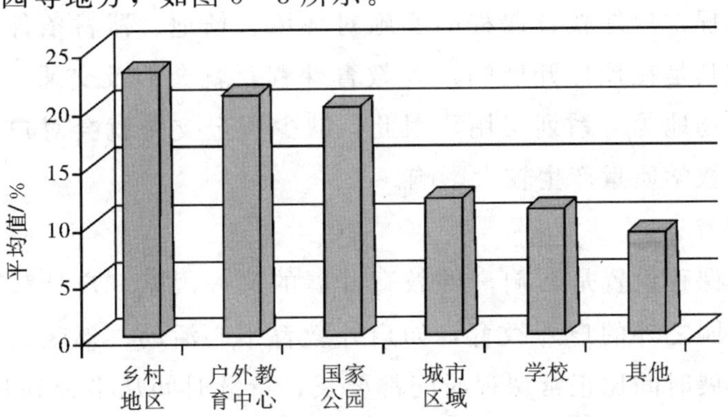

图 5-3　中学开展户外教育的主要场所

(三)户外教育师资分析

新西兰学校户外教育教师一般都经过专业训练，拥有专业证照，每位户外教师都具备充分的资格和经验完成户外教学。在辛克和博伊斯的调查中，每位户外教师平均拥有18年的户外教学经验。体育教育相关专业的师资是户外教育师资的主要来源，这是因为国家课程中规定了户外教育的课程地位。高校体育教育专业课程内容中都含有相应的户外教育课程内容的学习，因此，体育教育类专业的毕业生能够胜任户外教育教师工作。除此以外，教师还通过不同渠道参加户外教育师资的培训活动，提高自己的业务能力和水平，如参加全国性户外协会的资质培训，参加高校的户外教育课程研修等，大多数教师在培训机会中专注于特定技能的发展，如绳降、急救、皮划艇、丛林技能、高山和营地课程等。

(四)户外教育的主要制约因素

户外教育课程虽然被列入了新西兰国家课程，但是各个学校开展情况存在诸多差异，原因在于户外教育实践性强，与其他常规课程相比，存在诸多制约其开展的影响因素。

1. 资金支持

户外教育的资金支持是制约其发展的最主要因素之一，不同于其他学校课程，户外教育课程的实施对环境、场地、器材条件有着特殊要求，尤其是在校外开展的户外教育课程，就会涉及交通、住宿、饮食，甚至场地等一系列费用，因此，缺少资金支持就会对户外教育课程开展及教学质量产生较大影响。

2. 课程设置

学校课程设置是影响户外教育开展的又一因素。户外教育特别是发生在校园之外的户外教育，如户外教育中心活动、郊区活动及露营等活动开展时间比正常课程时间都要长，持续时间从半天到几天不等。而户外教育课程只是学校课程中的一小部分，学校其他课程的设置使得户外教育课程不可能有充裕时间充分开展。

3. 时间与安全保障

教师时间与安全因素也是影响学校户外教育开展的重要因素。由于许多户外教育的开展是在正常学校时间之外进行，活动开展时间与教师个人时间发生冲突，缺少师资保障户外教育就无法顺利进行。另外，过分强调安全也会影响户外教育的开展。由于户外教育专业性和实践性强，多处于不同自然环境中，故存在诸多安全隐患。校方过多强调安全，担心安全事故的发生，就会减少户外教育开展或降低户外教育要求，影响户外教育质量。

第三节 新西兰高等教育中的户外教育

户外教育是新西兰体育与健康课程内容之一，因此在新西兰高等教育中体育类专业设置里一般都包括户外教育内容的课程，特别是户外运动类课程，部分高校体育专业将户外教育作为体育专业的主修方向，如奥克兰理工大学，还有部分学校提供户外教育专科文凭课程，如新西兰Ara(南岛)坎特伯雷理工学院(原基督城理工学院)、奥克兰理工大学等。

一、新西兰 Ara 坎特伯雷理工学院的户外教育

Ara 坎特伯雷理工学院是2016年由基督城理工学院和奥拉克理工学院合并而成的。合并前的基督城理工学院是新西兰最早提供户外教育专业学位课程的高校，其第一批户外教育专业学生于2005年毕业。

Ara 坎特伯雷理工学院提供不同层次和不同种类的户外教育专业课程：①证书课程，如户外休闲(户外游憩)；②专科课程，如环境与户外领导，户外教学与管理，户外教育；③本科学位专业课程，如可持续发展与户外教育；④研究生课程，如环境与户外领导，详见表5-2。

表 5-2 Ara 坎特伯雷理工学院户外教育专业情况

序号	专业类型	层次	课程等级	学分要求
1	户外休闲(户外游憩)	证书	Level 4	120
2	环境与户外领导	专科	Level 5	120
3	户外教学与管理	专科	Level 5	120
4	户外教育	专科	Level 6	120
5	可持续发展与户外教育	本科	Level 7	360
6	环境与户外领导	研究生	Level 7	60

(一)户外休闲(户外游憩)证书课程内容分析

户外休闲课程是一个为期 34 周的证书课程，需修满 120 学分。该课程体系主要关注户外休闲娱乐领域，适合户外运动爱好者修读，从而促进个人发展和户外职业生涯发展。课程涵盖环境科学、户外运动科学、户外休闲风险管理、探险计划和团体动力学等多学科知识。课程的主干是一系列户外运动技能课程，如攀岩、登山、皮划艇、徒步、山地自行车及滑雪。课程结业需要学生计划、组织并且完成一个为期 10 天的荒野远征活动。具体课程内容见表 5-3。

表 5-3 Ara 坎特伯雷理工学院户外休闲(户外游憩)证书课程

序号	课程名称	学分	课程等级
1	团队动力学应用	15	Level 4
2	环境科学	6	Level 4
3	运动科学	9	Level 4
4	风险管理基础	5	Level 4
5	休闲学：规划与实践	17	Level 4
6	户外休闲实践：水上项目	13	Level 4
7	户外休闲实践：登山	13	Level 4
8	户外休闲实践：攀岩	13	Level 4

续表

序号	课程名称	学分	课程等级
9	户外休闲实践：滑雪	9	Level 4
10	户外休闲实践：丛林生存	11	Level 4
11	户外休闲科学	9	Level 4

(二)户外教育专科课程内容分析

户外教育专科课程是为期34周的文凭课程，需完成120学分。户外教育专科课程的培养目标是培养户外指导员和户外教育教师，使学生能够胜任面对各种不同群体、在各种不同环境下的户外工作。学生通过一系列的户外教育理论和户外活动技能学习，成为一名独立的户外教育者，能够设计、组织和开展一系列的户外活动，如激流划艇、徒步、登山和风险管理活动等，培养高度的责任心，为今后在户外产业从业做好充分准备。学生在学习过程中有机会获得新西兰户外指导协会的1级指导员证书。课程内容包括：成人教育与训练、环境教育、户外教育和风险管理等，具体课程见表5－4。

表5－4　Ara坎特伯雷理工学院户外教育专科课程

序号	课程名称	课程类别	学分	课程等级
1	环境科学与教育	必修课程	7	Level 6
2	丛林课程	必修课程	14	Level 6
3	户外休闲实践：丛林	必修课程	6	Level 6
4	风险管理教育	必修课程	5	Level 6
5	理论与实践评估	必修课程	19	Level 6
6	户外教育理论与实践	必修课程	11	Level 6
7	水上运动课程	选修课程	14	Level 6
8	登山课程	选修课程	14	Level 6
9	攀岩课程	选修课程	14	Level 6

续表

序号	课程名称	课程类别	学分	课程等级
10	户外指导员 1 级课程	选修课程	12	Level 6
11	户外休闲实践：水上运动	选修课程	12	Level 6
12	户外休闲实践：登山	选修课程	9	Level 6
13	户外休闲实践：攀岩	选修课程	9	Level 6

(三)可持续发展与户外教育本科课程内容分析

可持续发展与户外教育本科专业课程涵盖当代社会和文化问题、地理学、可持续发展与户外教育等内容，将理论与实践充分结合，广泛的学位课程给予学生充足的学习机会，从而满足将来的就业需要。学生通过自然景观对可持续发展有更深入的了解，体会可持续发展的重要性；学生将通过动植物学和社会地理学的学习，了解人类对它们的影响及人类对生态环境的影响；课程还将使学生发展个人技能、掌握有效的户外教学方法，从而指导他人采用正确的方式进行户外活动，保护自然环境。

必修课程包括健康与体育教育、地理环境科学、专业实践、领导力与安全等，这些课程将与选修课程相结合在冒险活动中培养学生的兴趣和个人特长，如攀岩、绳索、漂流、冲浪和冬季乡村旅游等活动。同时，为了夯实就业基础，学生在校期间必须取得 2 个以上的户外资质认证或取得相关证书，如新西兰户外指导员、户外领队协会认证、冲浪救生认证或荒野急救认证等资质。

可持续发展与户外教育本科专业为 3 年期课程，总共需完成 360 学分，课程分为必修课和选修课。Level 5 课程以必修课为主，主要课程包括户外领导实务、环境科学、健康与体育教育基础、户外领导力实践等，详见表 5－5。

表 5-5　Ara 坎特伯雷理工学院可持续发展与户外教育专业 Level 5 课程

序号	课程名称	课程类别	学分
1	户外领导实务	必修课程	15
2	环境科学：系统与过程	必修课程	15
3	健康与体育教育基础 1	必修课程	15
4	户外领导力实践：高空历程	必修课程	15
5	户外领导力实践：水上历程	必修课程	15
6	专业实践基础	必修课程	15
7	新西兰社会地理学	必修课程	15
8	户外教学方法	必修课程	15
9	探险旅游	选修课程	15

Level 6 课程中选修课程明显增多，总共 16 门课程中，选修课程占 10 门，选修课程主要是不同种类的户外运动或户外实践类课程，给予学生充分的自主权。学生根据个人兴趣爱好，结合职业发展自由选择课程，Level 6 课程详见表 5-6。

表 5-6　Ara 坎特伯雷理工学院可持续发展与户外教育专业 Level 6 课程

序号	课程名称	课程类别	学分
1	可持续发展理论	必修课程	15
2	环境科学 2	必修课程	15
3	健康与体育教育基础 2	必修课程	15
4	领导力 2	必修课程	15
5	专业实践 2	必修课程	15
6	研究方法	必修课程	15
7	高级户外领导实践：激流皮划艇	选修课程	15
8	高级户外实践：徒步荒野	选修课程	15

续表

序号	课程名称	课程类别	学分
9	高级户外实践：攀岩	选修课程	15
10	高级户外实践：海上皮艇	选修课程	15
11	高级户外实践 1	选修课程	15
12	高级户外实践 2	选修课程	15
13	冒险治疗	选修课程	15
14	户外与环境教育哲学和伦理	选修课程	15
15	专题交流	选修课程	15
16	冲浪和海滩教育	选修课程	15

相对来讲 Level 7 课程中理论课程较多，如当代热点、可持续发展实践实务、政策与规划、资源管理、专题交流等，Level 7 具体课程见表 5－7。

表 5－7　Ara 坎特伯雷理工学院可持续发展与户外教育专业 Level 7 课程

序号	课程名称	课程类别	学分
1	当代热点	选修课程	15
2	可持续发展实践实务	必修课程	15
3	领导力 3	必修课程	15
4	教育学课程实践	选修课程	15
5	政策与规划	必修课程	15
6	资源管理	必修课程	15
7	专题交流	选修课程	15

(四)环境与户外领导课程内容分析

环境与户外领导课程是研究生证书课程，该课程需修满 60 学分。课程专注于户外领导力，周期为一个学期，主要发展学校教师、户外教育者及户外指导员的领导力技能，促进其专业发展，更好服务于工作。课程内容理论结合实践，多数课程能够通过远程学习来完成，包括环境科学、可持续发展理论、领导力、教育学课程实践等，见表5-8。

表5-8　Ara坎特伯雷理工学院环境与户外领导课程

序号	课程名称	课程类别	学分	课程等级
1	环境科学	必修课程	15	Level 6
2	可持续发展理论	必修课程	15	Level 7
3	领导力	必修课程	15	Level 7
4	教育学课程实践	必修课程	15	Level 7

二、奥克兰理工大学的户外教育方向

奥克兰理工大学户外教育是开设在运动与休闲专业下的，其课程形式分为两种，一种是以户外教育为方向授予运动与休闲学士学位的课程，另外一种是户外休闲领导专科文凭课程。

(一)户外教育专业方向培养目标

新西兰绝佳的自然环境是体验户外运动的绝佳地点，新西兰也拥有发达的户外旅游和冒险行业。奥克兰理工大学户外教育专业方向的培养目标是传授学生户外知识、技能、经验，培养户外技能熟练，具备一定户外活动管理能力，能够教授、领导他人正确开展户外活动，在学校、户外教育中心、探险旅游行业等户外相关领域从事工作的专门人才。运动与休闲专业户外教育方向毕业的学生就业机会包括：冒险咨询公司咨询员、冒险教育者、企业发展培训师、探险旅游指导员、环境解说员、户外运动指导员(皮划艇、攀岩、绳降、丛林生存技能等)、户外教育教师或教练等。但是该专业毕业后还不能获得独立的教师资格，想要成为一名注册的中学教师，必须在获得学位后继续修读1年的中学教育研究生文凭。

奥克兰理工大学户外休闲领导专科文凭被户外行业认可，其课程主要目的是传授知识与技能，培养全面的户外领导能力，为新西兰户外领域培养具备系列户外技能、户外理论知识和实践经验丰富的户外领导者。主要就业机会包括：独立的户外领域经营者、户外活动项目设计师、户外活动服务商、旅游探险指导员、户外娱乐和户外教育中心指导员、户外运动领队(登山、漂流、丛林生存等)、休闲管理者等。

奥克兰理工大学提供的户外教育课程，无论是学位课程还是专科文凭课程，其培养的主要目标都是为新西兰户外教育、户外休闲、户外旅游、户外探险及户外服务等户外产业培养专业人才。

(二)户外教育方向课程内容

修读运动与休闲专业户外教育方向学位，需完成 225 学分的运动与休闲专业课程、105 学分的户外教育方向课程。该专业学制为 3 年，主要课程设置分别见表 5－9 至表 5－11。

表 5－9　奥克兰理工大学户外教育方向第一学年课程

序号	课程名称	学分
1	运动与休闲发展趋势	15
2	健康与环境	15
3	人体解剖学和生理学	15
4	运动与休闲创新规划	15
5	知识、咨询与沟通	15
6	运动与户外活动领导	15
7	生命发展与传播	15
8	运动与休闲技能学习	15
9	运动与锻炼科学基础	15
10	新西兰运动与休闲	15

表 5-10 奥克兰理工大学户外教育方向第二学年课程

序号	课程名称	学分
1	陆地户外运动	15
2	水上户外运动	15
3	丛林生存知识与技能	15
4	高级户外运动实践	15
5	户外教学与领导	15

表 5-11 奥克兰理工大学户外教育方向第三学年课程

序号	课程名称	学分
1	教育学与表演学	15
2	户外教育	15

第一学年课程主要为运动与休闲专业的基础课程。第二学年课程主要为户外教育方向课程，学习各种环境下的户外知识、技能，发展户外教学和领导能力，该学年学习过程中有两次 30～40 小时的实习机会，也是为第三学年的实习作准备，帮助学生确定第三学年的实习地点。第三学年需完成每周 2 天，大约 350～400 小时的专业实习。实习的地点包括营地、乡村学校、户外教育中心、大学校园等。

该校户外休闲领导专科文凭课程基于整体性户外教育哲学理念，将理论与实践充分结合。该专科文凭是为期 2 年的课程学习，需要修读 240 学分。课程内容见表 5-12、表 5-13。

表 5-12 奥克兰理工大学户外休闲领导专科第一学年课程内容

序号	课程名称	学分
1	户外服务与管理介绍	15
2	专业实践	15
3	陆地户外运动	15

续表

序号	课程名称	学分
4	水上户外运动	15
5	户外团队发展与成长	15
6	高级户外运动实践	15
7	丛林生存知识与技能	15
8	户外领导力	15

表 5-13　奥克兰理工大学户外休闲领导专科第二学年课程内容

序号	课程名称	学分
1	运动与休闲活动规划	15
2	荒野急救护理	15
3	行业经验和研究	15
4	技能获得	15
5	户外教学与领导	15
6	户外计划	15
7	户外领导实务应用	15
8	人体解剖学和生理学	15

户外休闲领导专科文凭开设课程均为户外教育方向，强调户外知识、技能获得，户外领导与管理能力的培养。

(三)户外教育实施

该校运动与休闲专业拥有雄厚的师资力量，教师学科背景丰富，覆盖运动与休闲的各个领域，多数教师在各自专业领域的协会或社会组织任职，教师各具所长，是一支教学、实践、科研、社会服务搭配合理，综合实力强的师资团队。户外教育课程教师多有良好的户外运动背景，获得各种户外资质认证，有着丰富的实践经历和户外经验，多数户外教师都有在南极洲、北美和南美洲、法国阿尔卑斯山脉、英国、瑞士、新西兰及奥地利从事户外工作或冒险活动的经历。他们带领学生在新西兰各种不同的地理环境下进行户外教育教学活动。该校与户外领域内各行业保持着密切的关系，能够为学生提供良好的实习环境，帮助学生将所学知识和技能应用于实践，积累经验，为将来从事户外事业奠定扎实基础。

第六章 国外学校户外教育的经验及其启示

第一节 国外学校户外教育的比较

一、基础教育阶段户外教育比较

(一)户外教育目标呈多样化，总体上服务于学校教育目标

国外基础教育阶段户外教育课程的设置存在一定的差异，单从某一户外教育的具体课程来看，每一课程的课程目标会有所不同，多是服务于所在学科的课程目标。但从人才培养角度来看，各国学校户外教育课程的总体目标却是一致的，都是为学校教育目标服务的。

美国基础教育阶段户外教育目标包括：①认识个人，包括智力、身体和精神等方面的潜能；②充实和促进课程教学；③认识人类与自然的关系；④发展户外所需要的知识、技能；⑤促进民主的人际关系和民主进程等。

英国基础教育阶段户外教育目标分为三个方面：一是身体目标，即促进学生身心健康与人格的和谐发展；二是个人教育目标，包括自我概念、运动技能、人际交往、领导力和探索精神等个人能力发展；三是社会教育目标，包含环境教育、公民教育目标等。

新西兰基础教育阶段的户外教育目标从属于体育与健康课程目标，教育部颁布的《体育与健康课程纲要》将户外教育课程目标规定为：为

学生提供发展个人技能和社会技能的机会，使学生在户外活动中变得活跃、安全和熟练，保护和爱护好自然环境。

比较来看，三个国家基础教育阶段户外教育的主要目标都是促进学生个人的全面发展，从身体到心理，从知识到能力，从个体到社会，注重自然教育、环境教育和探险教育，这些与户外教育的功能是相一致的。因此，国外基础教育阶段的户外教育课程目标虽然是多样的，但最终都服务于学校教育的总体目标。

(二)户外教育课程分布广

户外教育的理念和认识不同，户外教育课程的内容和形式就会有所区别。从国外学校户外教育课程来看，户外教育课程内容分布广，涉及学科多。如在美国的中小学，户外教育主要有两种形式。一种是为学科课程服务的户外教育课程，即为更好地实现科学、数学、地理、体育、语言、历史、美术、音乐等课程的课程目标，而在授课过程中开展的户外教育课程，这一类户外教育课程的主要内容均为所服务学科的内容。另一种是非学科课程的综合户外教育课程，其中，最为典型的代表就是露营教育，此类课程并不为某一学科服务，涉及内容也比较广泛，包含地理、历史、自然、环境、生物、体育等学科知识。

英国的户外教育历史悠久，内容广泛，涉及学校教育科目的方方面面。从英国教育与技能委员会的报告来看，学校户外教育涉及内容包括：科学与地理野外实习，体育，户外游戏学习，历史和公民教育，艺术与设计，环境与农村教育，可持续发展教育，职业技能教育，自我概念和社交能力培养，环境课程等。

新西兰户外教育与美国、英国的户外教育存在较大的差异。美国、英国户外教育涉及内容宽泛、途径较多，但新西兰学校户外教育指向更为明确、具体。

新西兰教育部明确规定学校户外教育课程从属于体育与健康课程，具体内容包括：①专注于身体技能发展、符合学生兴趣与快乐的冒险活动和户外活动；②重点发展个人和人际关系技巧的冒险活动和户外活动；③学习新西兰和其他文化群体的传统、价值观、文化遗产；④掌握户外休闲活动对环境影响的相关知识，制定对个人和群体安全、挑战及风险进行评估和管理的策略；⑤学会如何在社区内开展户外休闲、娱乐活动。在新西兰，户外教育虽然也会涉及部分其他学科内容，但总体内容大多框定在体育与健康课程范畴。

(三)户外教育实施多样化

户外教育内容、形式及特点决定了户外教育不像一般课程那样具有较强的稳定性，特别是在户外教育师资和场地资源等方面，学校很难找到能够面面俱到、专业性强的户外教师，以及适合开展所有户外教育课程的场地。因此，为较好地解决这一问题，就需要社会力量的支持。这使得学校户外教育的实施路径具有多样性，而这一现象也正是国外学校户外教育的特征之一。

学校是组织户外教育开展的主体，学校户外教育课程主要依靠各学科教师和专业的户外教育人员进行授课。但鉴于师资、场地等方面的因素，户外教育单靠学校来推展是有困难的。在国外一些国家，社会户外教育专业机构协助学校开展户外教育，如美国户外教育学校(NOLS)、爱尔兰户外教育中心等专业的户外教育学校和机构都会与学校合作，为学生提供形式多样的户外教育课程。

此外，部分户外运动协会和社会公益团体也会为学校提供资金、师资和活动组织，支持学校户外教育的开展。除此之外，假期户外教育也是国外基础教育中的重要一环，如营地教育是美国假期户外教育的主要形式。据美国营地协会统计，美国大约有1.2万个营地，其中有7000个住宿营地，5000个非住宿营地，每年有超过1000万的美国儿童和青少年参加户外营地活动。

二、高等学校户外教育比较

(一)户外教育培养目标的专一性和全面性

国外高校普遍开办了户外教育、户外休闲、户外管理等户外教育相关专业，开设有户外专业课程和普修、选修的户外教育课程。课程培养目标是以本国社会需求为基础，以适应未来职业，服务社会，迎合各国户外事业及学校户外教育发展为前进方向；以专一性、全面性为人才培养的主要目标定位，既侧重专业方向的专一性，又注重户外知识学习、户外能力发展的全面性。

国外高校户外教育课程目标性强、涉及学科多、辐射面广。户外专业培养目标以社会实际需求为导向，注重实用性和专业性，培养出专业的复合型户外人才，服务于社会户外各个领域。

美国高校户外教育类专业学生毕业后主要服务于国家公园、公园服务、渔场、公共环境管理机构及从事青少年户外项目及户外休闲、野外医疗救助、户外产品导购、户外器材设备制造等各项工作。英国高校户外教育类专业毕业生在冒险教育、远航教育、户外休闲、生态旅游、青少年发展、体育教育和户外教育中心等领域工作。新西兰高校户外教育类毕业生大多成为冒险教育从业者、企业发展培训师、探险旅游、环境解说、户外运动指导员(皮划艇、攀岩、绳降、丛林生存技能等)、户外教育教师或教练等。

从国外高校户外教育专业毕业生的就业情况来看，高校户外教育专业培养的专门人才既能适应特定的户外教育工作，也能胜任普通种类的户外培训、户外管理，以及户外运动指导员等领域的工作。

(二)户外教育课程设置的针对性和广博性

国外高校户外教育主要涉及户外休闲与管理、公园管理、户外旅游、环境教育、户外领队等领域的专业方向，专业课程设置具有针对性和广博性。

户外教育专业课程设置的目的性强，特别注重课程的实践性。依据专业方向的实际特点，在户外课程设计时，进行针对性的课程设置，重视学生专业知识、技能的掌握和专业能力的培养，强调户外实践教学，为学生提供必要户外经历以积累实际经验，为今后进入社会工作打好基础。例如，户外休闲方向注重户外领导课程、户外技能课程及户外安全课程的开设，强调户外各种环境下的组织管理与应变能力，课程多是在实地环境(如山地、丛林、水上)展开教学。

课程设置涉及广博，注重不同学科间知识的交叉融合与渗透，内容涵盖了自然科学、管理学、生物学、医学及体育学等各个知识领域，力求让学生形成合理的、广博的知识结构，体现了课程的广博性。以美国爱达荷州立大学户外教育专业课程为例，该校户外教育专业开设包括体育基础理论、户外领导与教学、户外安全、自然科学、户外运动技能等板块。其中，户外安全板块中包括户外管理和户外急救等内容，自然科学课程板块涵盖生物学、生态学、动植物学、地质学、天文学、气候学等。

(三)户外教育课程选修的非限定性与社会实践性

国外户外教育课程设置重视学生户外课程选修的非限定性与社会实践性。由于户外教育课程涵盖内容广泛，要使学生对所有户外教育课程都全部掌握是不现实的，要求根据专业方向在课程选择方面有所取舍，在课程掌握程度上有不同要求。

从各国高校户外教育专业课程设置来看，各高校在不同板块中开设多门课程供学生选择，课程门类齐全，数量众多、分科精细，学生选课自由度较大，既重视课程体系的结构性和完整性，又重视学生兴趣与专长。户外教育课程选修既针对本学科专业学生，也作为其他学科专业的辅修专业或选修课程。

如美国爱达荷州立大学户外教育专业课程有 5 大板块，其中 3 大板块中都设置多门课程供学生选择。作为学生主修专业，户外安全板块包括 10 门课程共计 14 学分，学生只需选读 7 学分即可；自然科学课程板块包括21门课程，共计55学分，学生只需修读8学分即可；户外运动技能板块包括27门课程，共计31学分，学生也是只需修读8学分即可。户外教育作为辅修专业，相应的学分修读又有一定程度的减少。英国利物浦约翰摩尔斯大学户外教育专业学生在Level 5和Level 6阶段均需在每一阶段从60学分的选修课程中选择20学分的课程选读。

户外教育课程注重社会实践，各高校在课程设置中对社会实践的课程和学分都有要求。美国爱达荷州立大学主修户外教育专业的学生要完成48小时的专业实践，才能取得学位。英国利物浦约翰摩尔斯大学户外教育专业学生在Level 5和Level 6之间，必须完成为期3周的必修实习课程。同时各高校注重与户外行业协会、自然资源管理部门、社会户外教育机构的合作，共同开展教学、科研等活动，加强学生与社会的联系，最大限度地使理论与实践相结合，有效地调动学生学习的积极性、主动性，发展社会实践能力。

(四)户外教育师资的专业性和综合性

国外各高校户外教育领域均有较为雄厚的专业师资力量，教师专业能力强，教师队伍结构合理，具有多方向、多学科的综合性特点。各国户外教育教师普遍都有各自专业领域的资质认证，例如，在美国，高校户外技能类教师需通过美国户外专业协会相应项目的认证，具体如攀岩和登山项目要有美国登山协会(AMGA)颁发的资质证书；皮划艇、水上营救、独木舟等水上项目需通过美国独木舟协会(ACA)的专业认证。户外教育教师多数有着户外机构和专业团体的从业经历，例如，在英国，许多教师兼职在英国独木舟联盟、英国登山协会等组织从事科研与教学工作。户外教育教师队伍不仅实践能力强，而且注重科研工作，参加国内、国际户外会议，发表、出版户外领域的学术论文与著作。

国外高校户外教育教师队伍实现了理论、技能、实践经验的较好结合，能够较高质量完成户外教育教学、科研及人才培养等工作。各国高校户外教育师资聘任制度灵活，广泛开展社会合作，聘请社会户外领域优秀师资参与高校教学与人才培养工作，较好地实现了学校学习与社会需求的有机对接。发达国家高质量的户外教育师资提高了户外教学的安全性，充分展现了户外课程的魅力，提升了户外教育质量，使学生户外理论知识学习、技能掌握及能力培养更加高效。

第二节　国外学校户外教育的发展经验

一、户外教育被纳入学校教育

国外普遍重视户外教育，虽然各国户外教育理念与认识存在一定的差异，但都将户外教育作为学校教育的重要内容，服务于学校教育目标。

美国户外教育贯穿各级各类学校，中小学户外教育是美国户外教育的重点，各州根据教育主管部门制定的标准和要求，结合学校课程学习内容进行相应的户外教育活动。例如，得克萨斯州的中学体育课程指标已明确指出：参加户外教育及冒险的学生应重视其户外运动能力的发展，至少要掌握两个及以上的户外体育项目（如登山、水上运动、宿营、徒步旅行等），使其既能够迎接挑战，又可享受户外运动带来的乐趣。在美国，户外营地教育也是中小学生假期生活的重要内容，户外教育专业在美国诸多高校中开设，丰富多样的户外教育课程大多以户外教育专业必修课、选修课，以及课外户外教育活动等形式提供给专业学生和非专业学生。

英国是最早将户外教育正规化的国家之一，户外教育是该国学校教育的重要内容。早在1944年的《教育法》就鼓励地方教育部门增加户外教育内容，扩展户外教育在学校教育中的功能。在英格兰、威尔士，户外教育多以“户外和冒险活动”形式出现在体育课程中；在苏格兰，户外教育不作为正式独立形式的课程出现，而是通过“额外课程”或者通过整合后的课程来实现。英国高校也开设了种类多样的户外教育专业，为英国户外教育培养专门人才。

新西兰学校教育重视户外教育的开展，户外教育是健康与体育课程的主要内容之一。1999 年，新西兰教育部出台的教育文件中有明确的户外教育课程要求，对户外教育教学目标也作出了明确说明和政策上的支持。

国外普遍重视学校户外教育的开展，这既说明户外教育在学校教育课程体系中的重要性，也说明户外教育在现代教育中不可替代的作用。简而言之，户外教育是实现学校教育目标的重要手段和有效方法。

二、户外教育功能在学校教育中得到全面发挥

国外根据户外教育的特点和功能，在学校教育中积极推展户外教育，充分发挥了户外教育在促进学生身心健康、知识与理念传输、能力培养等方面的功能，有效促进了学生的身心健康以及能力、综合素质的全面发展。

(1)户外运动类课程充分发挥户外教育强身健体的功能，提高学生身体素质，促进学生运动知识与技能的掌握，培养学生正确的运动理念。户外运动开展广泛，深受大众喜爱，户外运动知识与技能的掌握为学生未来休闲、游憩及健康打下了良好的基础。

(2)户外教育在调节学生心理状态，促进学生心理健康方面发挥了重要作用。一般来讲，经过精心设计的户外教育课程，更容易使学生敞开心扉，更易于人与人之间的互动，有助于学生心理状态的调节、情感的交流，从而促进心理问题的疏通，有利于学生心理健康。

(3)户外教育在认识与了解自然，提高学生环保、生态意识方面发挥着重要功能。国外将环境保护和生态平衡置于重要的位置，学校户外教育的开展，有效传授了生态、环境知识，培养了学生正确的环保和生态意识，使其正确认识人与自然、生态的关系，有利于生态文明建设。

(4)学校户外教育融入公民责任教育。学校开展户外教育，让学生承担不同角色，渗透公民责任和民主意识教育，在教育过程中让学生感受在社会中每个人都有自己需要扮演的角色，每个人都有不可推卸的社会责任。

(5)学校户外教育所提供的冒险和挑战类课程，能有效地开发学生的潜能，增强学生社会适应能力。户外教育课程有助于学生更好地认识自我，培养自信心，发展学生发现问题、解决问题的能力，提高学生的组织、沟通与管理能力，有利于学生综合能力的提升。

三、学校户外教育与社会户外教育活动互相融合，互相促进

国外户外教育的开展主要分为学校户外教育和社会户外教育，从发展轨迹来看，两者相辅相成、相互促进。社会户外教育机构对学校户外教育给予大力支持，促进学校户外教育的发展。与此同时，学校户外教育也为社会户外教育奠定基础，培养输送户外教育专业人才。

从国外学校户外教育的开展来看，社会户外教育从师资、资金、场地设施、资质认证等多方面都对学校户外教育提供了大力支持，学校有效利用社会公共资源开展户外教育活动。

例如，社会户外教育机构——美国户外教育学校(NOLS)，与美国普通学校有着广泛的合作，从中小学课程开展到大学学分认证，为学校户外教育提供有力支持。

户外行业协会与公益组织也为学校户外教育开展提供动力，像美国国家户外运动协会、野外教育协会、体验教育协会等为学校户外教育开展提供理论与实践方面的支持，特别是在户外等级认证方面。在美国，学校一般不具备户外等级认证资格，需要相应社会户外组织鉴定才能够取得认证，如户外项目级别认证、野外急救认证、各种教练资质认证等。在英国，社会户外教育给予学校户外教育的支持与美国类似。稍有不同的是英国各地普遍设有专门的户外教育中心，如爱尔兰户外教育中心、苏格兰户外教育中心等机构遍布不同城市，它们的

主要任务之一就是协助各级学校开展好户外教育工作。

四、学校户外教育充分结合各国实际

国外学校户外教育充分结合本国实际，户外教育的开展体现出不同的历史、人文特点，各具特色。

美国各州各级学校的户外教育结合民族传统、文化信仰，虽然在户外教育内容和开展形式上存在不同，但均体现出美国人的英雄主义、喜欢冒险、勇于挑战的特点，美国户外教育热衷高空绳索挑战课程就是典型代表。美国各地区有着丰富的自然、地理环境，特别是美国国家公园体系，美国学校户外教育特别是高校充分利用这些环境开展实地教学。

英国是户外教育底蕴最为深厚的国家之一，虽然苏格兰、英格兰、威尔士三个地区的管理体制与教育体制有所不同，但学校户外教育理念基本相同。露营教育和拓展训练是对英国学校户外教育影响最大的户外教育形式。英国丰富的地理环境和天然资源、悠久的户外教育历史为学校户外教育的开展打下坚实的基础。

与美国、英国不同的是，新西兰明确将户外教育纳入学校体育与健康课程之中，这体现出新西兰对户外教育的认识和理解与美国、英国是不同的。从学校户外教育的开展情况来看，新西兰户外教育所涵盖的内容比美国、英国学校户外教育涵盖内容要少，但其学校户外教育推广力度明显强于美英两国。

此外，加拿大、澳大利亚等国家学校户外教育也因各国地理环境、风俗文化不同体现出不同特点。如冬季利用冰雪环境开展户外教育是加拿大的特色之一，而澳大利亚的丛林探险教育、冲浪运动具有明显的地域特色。纵观国外学校户外教育的开展，既有共同的户外教育理念、形式和内容，也有不同文化特征和地域特点。

五、相关政策法规制度为学校户外教育发展提供有力保障

各国户外政策制度为学校户外教育开展提供了有力保障。户外教

育有其自身的优势，但也存在诸多不利于户外教育开展的因素，如对资金、环境、安全等方面的特殊要求，导致学校开展户外教育时会存在不同程度的困难。国外学校户外教育之所以能够广泛开展得益于各国较为完善的户外政策制度。

各国通过颁布法案保证青少年户外教育权利，如美国大多数州颁布儿童户外权利法案，维护14岁以下少年儿童的户外活动权益。美国的《青少年户外健康法案》，敦促联邦政府和各州政府让青少年走进自然，走向户外。各州政府也出台教育文件对学校户外教育进行了不同的规定。英国和新西兰在教育法中对学校户外教育进行了规定。澳大利亚有完善的资金资助政策、户外教育安全保障体系。

除此之外，各国还有专门针对环境、安全的户外政策法规制度，这些都为户外教育的开展保驾护航，也为自然生态保护作出贡献。以美国为例，据不完全统计，美国与户外相关的法律法规多达百余部，这些法律法规虽然不是直接服务于学校户外教育的，但都与学校户外教育的开展有着密切关联。

第三节　国外学校户外教育对我国发展学校户外教育的启示

户外教育是一个重要的跨学科教育领域，在国外得到普遍重视，如美国、英国、新西兰、澳大利亚等国。户外教育活动大多发生在户外，为学生提供了一个户外体验、学习实践的良好平台。户外教育较好地结合了实物，利用丰富的自然环境条件，对学习者进行社会学科、自然学科的教育，是对传统教学的一种有效补充。户外教育增强了人类对自身及地球的认识，促进了学习者综合素质的全面提高，较好地实现了多学科融合与素质全面发展。国外学校户外教育的先进理念和实践经验为我国学校户外教育的开展带来诸多启示。我国学校教育应顺应时代发展，借深化教育制度改革之机，增加户外教育活动内容，从观念、制度、政策及落实上探索中国特色的学校户外教育发展之路。

一、我国学校户外教育的现状

户外教育在我国虽然是一个新生的名词，但实际上从古至今，我国教育工作者的思想和教育实践中无不体现着户外教育的内涵。古有“纸上得来终觉浅，绝知此事需躬行”“行万里路，读万卷书”，近有著名教育家陶行知先生提出的“知行合一”的教育理念，无不强调实践之于教育的重要性，这与户外教育理念是契合的，思想是一致的。多年来在我国的学校教育中，绝大多数教育与课程均是在教室内完成的，教学形式基本以传授书本知识和间接经验为主，在基础教育中的课程教学中，缺乏通过户外实践获得直接经验的教学环节，尤其是自然、生物、地理等特别需要户外实践的课程，使得教学过程枯燥、乏味，导致学生学习主动性差，不利于学生知识掌握及各种能力的培养。

总体来讲，我国引入户外教育理念时间不长，对户外教育的认识尚未统一，户外教育发展水平偏低，学校户外教育发展时间短，尚处于初步探索阶段，户外教育的开展主要围绕体育学科中以“户外运动”为主要载体的户外教育活动。

(一)我国学校户外教育政策制度分析

到目前为止，在我国各级学校教育国家层面的政策制度中，以“户外教育”为核心或关键词的政策制度未曾出现。2002 年教育部印发的《全国普通高等学校体育课程教学指导纲要》中指出：“充分利用空气、阳光、水、江、河、湖、海、沙滩、田野、森林、山地、草原、雪原、荒原等条件，开展野外生存、生活方面的教学与训练，开发自然环境资源。”这是仅有的关于户外教育的指导性政策。在 2015 年全国政协十三届三次会议中，全国政协委员王勇峰提交了“关于加快我国青少年户外教育体系建设”的提案，希望帮助青少年摆脱传统的学校、家庭两点式教育，鼓励青少年走出学校，走进户外。此举令社会各界开始重视和关注户外教育，引发社会热议和思考。2016年，教育部等11部门联合下发《关于推进中小学生研学旅行的意见》(教基一〔2016〕8号，以下简称《意见》)。中小学生研学旅行是由教育部门和学校根据区域特色、学生年龄特点和各学科教学内容需要有计划地组织安排，通过集体旅行、集中食宿方式开展的研究性学习和旅行体验相结合的校外教育活动。《意见》的推进与实施，能使学生拓宽视野、丰富知识，加深与自然和文化的亲近感，增加对集体生活方式和社会公共道德的体验，提高中小学生自理能力、创新精神和实践能力，促进中小学生全面发展，是学校教育和校外教育衔接的创新形式，是教育教学的重要内容，是综合实践育人的有效途径。《意见》提出将研学旅行纳入中小学教育教学计划、加强研学旅行基地建设、规范研学旅行组织管理、健全经费筹措机制、建立安全责任体系等主要任务。从《意见》对“研学旅行”的释义来看，研学旅行实质上就是户外教育，《意见》的发布，标志着研学旅行、营地教育在中小学生成长教育中的重要作用已经得到国家和政府的高度重视。推进中小学研学旅行，让学生在旅行途中和营地教育过程中健康快乐成长已经成为中小学教育的重要课题，研学旅行、营地教育将成为解决国内青少年成长及教育问题的重要途径。

从我国学校教育政策制度来看，之前我国学校教育对于户外教育的重视程度不够，学校户外教育政策缺失。如今，虽然“户外教育”从字面上未被引入国家教育政策中，对户外教育的认识尚未统一，但随着《关于推进中小学生研学旅行的意见》的出台，实质上的中小学户外教育制度已经出现，充分说明了我国政府已经认识到户外教育的重要性，并通过相关政策制度的出台，保障户外教育的顺利实施，推动我国基础教育改革前行。

(二)基础教育阶段学校户外教育缺乏

从我国基础教育阶段来看，户外教育十分缺乏，主要原因有以下几个方面。

1. 应试教育下的基础教育使得户外教育难以推展与实施

高考作为教育的“指挥棒”，基础教育活动基本都围绕这个“指挥棒”在转。在这样的教育体制下，不论是学生、家长、教师还是学校，都在应试教育中艰难前行。尽管我国在大力提倡素质教育，但在基础教育阶段，学校教育的自由度较低，不论是施教者还是受教者，基本上秉持“分数至上”。在这样的环境下，户外教育在基础教育学校中的地位不明显，基本上停留在“文件”层面，被升学压力、社会环境等这些所谓的现实理由所排斥，因而户外教育理念的实践是奢侈的。

实际上应试教育与户外教育是不矛盾的，在大多数情况下是互补的。采用户外教育，充实某一学科的教学，如体育、地理、历史、科学、数学、语言和艺术等是完全可以实现的。

2. 城市化进程使得学校户外教育的开展受到限制

随着城市化进程的推进，人们几乎失去了与大自然的联系。人们长时间待在室内，学习主要是通过书本、网络、图片、电子资料等媒介，而非亲身经历。我国学校教育也是如此，随着城市化进程的加快，学校和教师几乎所有的教学活动都只能在室内(教室)环境中进行，受环境、规则及条件的限制，户外教育无法正常开展。当然，户外教育并不是要抹杀书本教育的重要性，也不是说户外教育一定优于传统的课堂教学，而是户外教育是对书本知识的有益补充。许多教学活动在户外环境下开展更有利于学生的学习、研修与心理成长，因为人们并不能将所有的理论知识与现实生活自然而然地联系在一起，有些经验必须通过实践活动才能获得。

现阶段，从实际开展的角度来看，我国中小学户外教育严重缺乏，但是在户外教育理念方面，我国社会各界及有识之士已经认识到户外教育对于青少年发展的重要性。特别是在2010年前后，户外教育开始进入我国大众视线。随着80后、90后新生代家长教育观念的改变，以及社会对教育本质讨论的不断升级，特别是近年来，关于学生体质下降、综合能力较弱、缺乏创新、沟通障碍、社会责任缺失等问题的讨论，我国部分民众对教育的需求不再局限于分数和升学，已意识到身心健康和个体发展的重要性，而户外教育的开展是解决以上问题的有效途径。在这样的社会背景下，人们已在意识层面逐步接受户外教育的理念，这为今后学校户外教育的开展打下了良好的基础。

当然，户外教育不可能解决一切有关孩子成长、教育的问题，也不可能以偏概全地成为一个国家的主流教育，但是户外教育理念、内容与方式方法作为其他教育模式的良好补充是非常必要，也是非常有效的。

(三)高校户外教育的兴起

我国高校户外教育的兴起源于20世纪90年代户外运动进入高校，进而以户外运动教育为主体内容的户外教育逐渐在我国各高校开展。现阶段，我国高校户外教育的开展主要包括三种形式。一是课程形式，主要包括户外运动类课程为选项课的公共体育课和体育专业必修或选修课，如户外运动、野外生存、拓展训练、定向越野等。二是专业方向设置，以户外运动为方向的体育专业方向设置，如休闲体育专业、社会体育专业下的户外运动专业方向。三是以课外活动为形式开展的户外教育活动，如高校登山协会、户外拓展协会、定向越野协会等协会组织开展的课余户外休闲、游憩与户外教育活动。

从“2016年中国户外教育与户外产业发展论坛”得到的不完全统计数据显示，目前我国开设户外运动项目公共选修课的高校已达100余所；户外运动教育课程作为体育专业(休闲体育、社会体育指导与管理)必修课的高校达50余所；作为体育专业专项设置的高校为13所，见表6-1。

表 6-1 我国部分高校体育专业户外运动方向设置情况表①

学校名称	专业及方向	培养层次
中国地质大学(武汉)	社会体育指导与管理专业(户外运动方向)	大学本科、硕士
北京体育大学	休闲体育专业(户外运动方向)	大学本科、硕士
武汉体育学院	休闲体育(户外运动方向)	大学本科、硕士
贵阳医科大学	社会体育(户外运动方向)	大学本科、硕士
遵义师范学院	社会体育指导与管理专业(户外运动方向)	大学本科
四川旅游学院	休闲体育(户外运动方向)	大学本科
成都体育学院	社会体育专业(旅游与户外运动方向)	大学本科
四川师范大学	户外运动策划与规划	大学本科
成都文理学院	休闲体育专业(户外运动专项)	大学本科
北师大珠海分校	休闲体育专业(户外运动方向)	大学本科
广西科技大学	社会体育指导与管理专业(户外运动方向)	大学本科
江西应用技术职业学院	社会体育(户外运动方向)、休闲体育服务与管理(攀岩方向)	高职
广东体育职业技术学院	运动休闲服务与管理专业(户外运动方向)	高职

①资料来源:2016 年中国户外教育与户外产业发展论坛.

户外运动选修课程是我国高校户外教育主要形式。最早出现在我国的户外教育课程是中国地质大学(武汉)在1998年开设的野外生存公共选修课，发展至今许多户外教育公共体育课已经成为部分高校的体育特色课程，如中国地质大学(武汉)的户外运动课程，北京大学的拓展训练课程，浙江海洋大学的海岛野外生存课程等。户外运动项目技能课程也成为我国各体育专业课程中重要的必修课或专业选修课，如攀岩课程、定向越野课程、水上运动课程、拓展训练课程等。

除了在大学体育中以选修课程出现，户外教育课程如拓展训练还出现在其他学科课程中，应用到管理、心理、团队建设、潜能开发等领域。开办户外运动专业方向已经成为我国户外教育快速发展的重要载体。中国地质大学(武汉)在户外教育专业建设方面也走在了前列。自2005年起，该校体育部借助其学校地质类专业特色在社会体育专业下开设户外运动方向，培养户外专业人才。近年来，随着我国户外产业的快速发展，在户外专业人才紧缺的背景下，我国部分高校相继开办了户外运动专业方向。从我国体育专业户外运动方向课程设置来看，该方向课程以体育类课程为主，户外教育课程主要涉及各类户外运动技能课程，户外教育理论课程和自然科学知识类课程缺乏。

高校户外教育的开展除了大学体育中的户外运动课程和户外教育专业方向的开办外，还有课外户外教育活动的开展。但由于户外教育活动的开展对师资、场地、资金等有较高要求，高校课外户外教育活动的开展受到一定的限制。鉴于此，学生课余户外活动的开展存在一定的难度和安全隐患，活动通常是由专业社团来组织、需要请专业教师指导才能顺利开展。各高校课外户外教育活动开展主要涉及的领域包括军训、学生干部培训、学生心理辅导等。

(四)我国青少年户外营地教育处于起步阶段

在悠久而广泛的户外教育基础上，国外涌现出丰富多彩的营地文化，营地教育是国外青少年户外教育的重要形式。以营地为核心的户外教育，通过户外运动、野外生存、自然教育和人文教育，能很好地促进人与自然、人与人、人与自我的关系，具有学校教育和家庭教育不可替代的作用。我国户外教育营地建设目前还处于起步阶段，营地行业对于公众和市场来说较为陌生。我国在借鉴国外的成功经验基础上，不断在实践中探索发展。

我国政府层面推动户外营地教育始于2004年，国家体育总局开始启动建设国家级青少年户外体育活动营地，到2014年底，共有167个国家级青少年户外体育活动营地竣工并投入使用。该项目是国家体育总局新时期探索适合我国国情的青少年户外体育活动基地的一项新举措，是为青少年建设更多校外体育活动场所的有益尝试，具有示范性、探索性特点。

目前，国家体育总局命名的国家级户外体育活动营地主要是以攀岩、定向、划水、游泳、山地车及野外露营等户外拓展项目为主。资助形式为一次性的资金投入，社会资助较为缺乏，多数营地管理运营能力较弱，自我造血能力差，无力对青少年实行优惠或免费开放，造成了营地使用率较低，未能成为学校户外教育开展的主要辅助阵地，因此，也未达到政府建设国家级青少年户外体育活动营地的初衷。同时由于我国户外教育专业人才的普遍缺乏，户外管理和户外教育教学人才缺乏。营地在开展户外教育活动时，户外教学人员、急救等营地后勤保障人员不足或专业程度不够，由于缺乏必要的专业知识和实际操作经验，营地管理人员在营地管理、项目策划与推广等各个方面都遇到瓶颈。

户外营地教育在我国的发展历程较短，总体来看，规划的营地数量少，目前约为700个左右。因此，我国青少年户外营地教育可以说是刚刚起步，整体处于初级阶段和初级水平，与发达国家100多年的发展历史相比，无论是在营地文化、营地数量与规模、营地管理还是在环境资源等方面都存在较大的差距。例如，美国拥有约12000个户外营地，每年的产值约200亿美元。从营地文化、营地管理方面来看，我国户外营地标准颁布不久，真正落实，发挥作用还需要一个较长的时间。我国营地教育目前缺乏明确的价值体系和与之相对应的户外活动教程、教学规范。此外，青少年营地教育专业人才的培训体系、安全保障体系、评估机制均未建立，是我国青少年户外营地教育发展的主要困境。

（五）学校专业户外教育师资缺乏

师资问题是制约我国学校户外教育发展的主要因素之一。我国户外教育发展时间短，因此学校户外教育师资力量薄弱，体现在户外教育师资紧缺、专业水平较低。国外在户外教育发展初期也遇到过同样的问题。我们应加强户外教育相关专业人才的培养。

我国学校户外教育师资来源主要有以下几类。第一类是户外运动项目运动员退役后成为户外教育教师，如登山、水上运动等项目。这类户外教育教师户外运动技能水平高，参与户外运动训练时间长，户外经历、经验丰富，户外实践能力强，但由于是运动员出身，其教育理论知识是短板。第二类是体育相关专业的高校毕业生，拥有较好的户外运动知识与技能，学历水平高，大学或研究生在读期间有着较为丰富的户外教育实践经历。这一类师资虽不是户外教育专业毕业，但是教育理论和户外运动技能经过系统学习，户外教育社会实践补充了户外教育相关的知识，经验得到了积累，具备较高的从事户外工作的专业素养，更容易成为优秀的户外教育教师。第三类是学校现有的体育教师转型，由于体育专业与户外教育专业有着较大的相似度，体育教师转型为户外教育教师相对容易。在我国已开展户外教育课程的学校中许多教师就是不同专业方向教师转型而来的，通过自学、参加专业户外培训、进行社会户外实践等多种手段提高户外教学能力。此类师资受原有基础条件所限，具备一定户外教学能力，但专业水平相对较低。

虽然目前我国户外教育师资缺乏制约着我国学校户外教育的发展，但是从未来来看，师资问题将会得到有效的解决。随着我国体育类院校户外方向专业设置的不断加强，人才培养体系的不断完善，高校户外教育专业毕业生的空白将得以填补，户外教育专业人才将不断涌现。另外各类户外教育机构的专业培训，各种户外教育会议交流，为目前的户外教育师资提供了良好的提升机会，帮助户外教育教师提高专业素养。

我国各类协会在户外教育专业培训方面起到了积极的作用。如人力资源和社会保障部、中国职业安全健康协会户外教育安全分会为加快户外教育师资队伍建设以及课程体系的研发和建设步伐，缓解我国户外教育人才紧缺的矛盾，设立“户外教育师”岗位能力认证项目，自2015年起面向全国开设国家户外教育师岗位培训班，培训内容涵盖拓展培训、青少年户外教育、体验教育、户外运动、体验式训练等各类户外教育内容。中国登山协会为进一步规范户外运动在全国高校中的开展，满足各高校开设户外课程的需求，自2015年起面向全国开设全国高校教师户外课程师资培训班，培训合格后颁发“户外运动指导员国家职业资格培训教师资格证”，颁发机构为国家体育总局职业技能鉴定指导中心及中国登山协会。该证书为户外运动指导员(户外领队)培训教师的持证上岗依据。

总体来讲，虽然学校户外教育在国际上得到广泛认可和普及，但在我国还处于起步阶段。由于我国的文化背景、教育体制、社会环境、社会观念及教育理念等原因，学校户外教育在我国还有更长的路要走。

2022年，中共中央办公厅、国务院办公厅印发了《关于构建更高水平的全民健身公共服务体系的意见》，其中提到要拓展全民健身新空间，并指出以步道建设为抓手，努力拓展全民健身新空间，这表明了全民健身政策是倡导人们进行户外运动的。

二、国外学校户外教育对我国学校户外教育发展的启示

(一)重视学校户外教育发展，政府和教育部门应提供政策法规支持

国外普遍重视学校户外教育，政府和教育部门出台相关政策法规对学校户外教育开展予以制度保障，学校充分利用户外教育服务人才培养，较好地实现户外教育的功能和价值。

目前我国学校户外教育普遍缺乏，特别是随着我国城镇化进程的推进，中小学户外教育几近消失，学生户外知识严重缺乏，许多自然科学知识只能在教室通过书本进行学习，很难参加户外学习，并对所学知识进行直观的认识。户外生活、生命教育、生存技能均无法从户外实践活动中获得。户外教育的缺乏导致户外教育的功能难以实现。国外学校户外教育的开展业已证明户外教育对促进学生全面发展起到重要作用，是实现学校教育目标的重要途径。

户外教育发展是建立在政府强力政策法规支持基础之上的。我国政府和教育部门应加大对户外教育的重视程度，借鉴国外户外教育先进经验，从教育顶层设计的角度出台学校户外教育制度，将户外教育列为学校教育的“规定动作”，对各级各类学校户外教育开展予以规定和指导。中央及地方政府可建立和完善一套包括政策法规支持、安全保障机制、公共财政投入、税收信贷优惠等完整、系统的户外教育政策体系，为户外教育创造良好的发展平台。

(二)以高校户外教育为试点，逐步完善学校户外教育体系

我国高校教育资源丰富，人文环境优良，课程设置相对灵活，户外教育开展所需资金、专业师资及场地器材等条件较易得到实现，是学校开展户外教育，全面实现户外教育功能的最佳“试验田”。当前我国部分高校已经在大学体育或体育专业培养方案中开设了户外教育课程，已经成功迈出了高校户外教育的步伐。鉴于此，我国学校户外教育应以高校为试点，不断探索，逐渐扩展户外教育内容，逐步完善户外教育课程体系，并逐步建立户外教育制度保障体系。在高校户外教

育发展的成功经验基础上，逐步在基础教育中推广。

（三）以体育课程改革为切入点，将户外教育融入学校教育体系

国外户外教育涉及课程种类多、学科广，从国外高校户外教育开展的情况看，户外教育大多与学校体育教育关联密切，户外教育的发起和组织大多归口在体育专业类院系，许多核心课程也归属体育领域。在我国，由于教育理念、教育政策及户外安全保障等方面的原因，学校户外教育发展缓慢，远达不到学生的需求、社会的期盼，以及学校教育的预设目标。因此，我国高校应树立现代教育观念，创新教育制度、重构课程体系，以体育课程改革为切入点，大力推广户外教育，将户外教育融入学校教育体系中，实现户外教育在高校人才培养中的价值，从而解决学生户外运动能力不足、社会适应能力差及心理承受能力弱等问题。在实践中，要坚持户外教育走出校园，社会保险进入校园，使户外教育更加规范，户外教育安全更有保障，户外教育功效得以有效提升。

（四）以课程内容设置为突破口，探索多元教学目标的实现

国外学校户外教育课程内容丰富，教育教学目标多元化，户外教育功能得到有效发挥。我国学校开展户外教育应深入研究户外教育理论，根据中小学、高校的实际情况，精心选择户外课程内容，制定个性化的户外教学大纲，构建“户外理论＋户外技能＋社会适应能力”的特色户外教育课程体系，实现多元化的教学目标。

户外理论课程内容可包括：环保知识、野外生存知识、团队冒险领队、团队成长理论等；户外技能课程可包括：登山、攀岩、穿越、拓展训练、游泳、山地自行车、定向越野及户外绳索技能等；社会适应能力课程包括：学生自我认知课程、人际关系课程、团队成长课程等。

（五）以创新教学模式为目标，构建课内外一体化的户外教育体系

国外学校户外教育不局限于课堂，课外活动及假期中均有所涉及。

鉴于户外教育的综合性、系统性和实践性特点，结合我国教育实际，学校特别是高校应积极探索户外教育的不同教学模式，努力扩大户外教育的受教育对象，对学生实施分类、分层教学，力争实现课内、课外的相互衔接，构建课内外一体化的户外教育体系，从理论到实践对学生的综合素质与各方面能力进行全方位拓展。例如，在学校军训中开展野外生存知识和体验课程；在公共体育课中以必修或选修的形式开设户外教育分类课程，如攀岩、定向运动、拓展训练及野外生存等；在高校体育专业学生中开设系统、专业的户外教育课程，如户外专业理论和技能课程、户外领队课程等；在课外活动中开展户外教育类的校园竞赛活动，如定向越野、十人九足、同心协力等，在社会实践或学生实习中开展野外生存、拓展训练等实训活动。

(六)充分利用社会资源，搭建“学校—社会”合作的户外教育平台

国外社会户外机构助力学校户外教育发展，在资金、师资及场地等各个方面给予了大力支持。而资金、师资与场地是我国学校户外教育开展所面临的主要困难。因此，我国学校户外教育开展在立足于自身发展的同时，应积极寻求政府支持、社会合作，搭建“学校—社会”合作的户外教育平台。在资金方面，应积极争取政府专项资金和社会资金进行户外教育课程建设、场地建设；在师资方面，应与户外行业协会、社会户外机构广泛开展合作，邀请优秀社会师资承担学校户外教育任务，选派教师到社会户外机构学习，提升教师专业素养；场地方面，学校应结合周边环境，在选择性建设户外教育场地的同时，还要借助社会户外场地资源，力争实现野外、山地、高空、水上等多种环境下的户外教学，为学生提供优质的户外教育、实习实训，提高户外教育质量，更好地实现户外教育功能。

(七)以研学旅行为契机，大力开展青少年户外营地教育

我国学校教育系统要以教育部等 11 部门印发的《关于推进中小学生研学旅行的意见》为契机，将户外教育融入研学旅行中，充分发挥户外教育功能，实现研学旅行的目标。

户外营地是青少年户外教育的重要场所，也是学校研学旅行活动实施的最佳场所之一。欧美国家营地教育发达，是户外教育体系中的重要一环。如美国，目前有上万个户外营地，每年可为一千万青少年提供营会活动。我国青少年户外营地要加强自身建设，完善基础设施、加强课程开发、提高师资教育水平，力争成为中小学研学旅行自然类、体验类基地。学校要积极与户外营地沟通、协作，让学生走出校园，在与日常生活不同的环境中拓宽视野、丰富知识、了解社会、亲近自然、参与体验，开展好研学旅行活动。

(八)以专业建设为核心，探索中国户外教育专业人才的培养

各级各类体育专业院校应紧跟时代发展，借鉴国外开设户外教育专业的先进经验，结合我国户外产业发展实际，不断完善、健全以户外运动、户外教育为主要方向的休闲体育专业建设，不断完善户外教育人才培养体系，通过学历教育、职后教育，培养出质量优良、素质全面的户外教育专业人才，这是我国户外教育事业发展的动力源泉。

户外教育专业人才培养应做好以下工作：统筹规划户外教育专业人才发展目标，完善户外教育机制，做好人才培养“学历教育＋职后培训”一体化发展规划，形成“学校—社会”协同创新与发展机制、共建共享优质教育培训资源；搭建共生发展平台、完善户外教育人才培养的评价制度。

参考文献

图书类

[1]丁锦宏．教育学基础[M]．北京：高等教育出版社，2009.

[2]夏征农．辞海[M]．上海：上海辞书出版社，1990.

[3]杜威．民主主义与教育[M]．王承绪，译．北京：人民教育出版社，2001.

[4]裴斯泰洛齐．裴斯泰洛齐教育论著选[M]．夏之莲，等译．北京：人民教育出版社，2001.

[5]中共中央马克斯恩格斯列宁斯大林著作编译局．马克思恩格斯选集：第1卷[M]．北京：人民出版社，1972.

[6]杜威．我们怎样思维．经验与教育[M]．姜文闵，译．北京：人民教育出版社，1963.

[7]林崇德．发展心理学[M]．北京：人民教育出版社，2008.

[8]钟启泉．现代课程论：2版[M]．上海：上海教育出版社，2003.

[9]吴军生．户外教育教程[M]．北京：高等教育出版社，2015.

[10]曹文．生存教育[M]．南京：南京大学出版社，2006.

[11]程占红．户外环境教育与旅游解说系统研究[M]．北京：北京大学出版社，2007.

[12]王文生．户外运动[M]．北京：高等教育出版社，2014.

[13]刘少雪，张应强．高等教育改革：理念与实践[M]．上海：上海交通大学出版社，2007.

[14]陶宇平，彭福栋．学校拓展训练[M]．北京：人民体育出版

社，2008.

[15]于海涛，常会丽，赵广涛，等．学校体育拓展训练理论与实践[M]．北京：人民体育出版社，2009.

[16]韦志中．学校心理学：体验式团体教育模式理论与实践[M]．北京：清华大学出版社，2014.

[17]林思宁．体验式学习：给教育培训者的礼物[M]．北京：北京大学出版社，2006.

[18]玉溪市教育科学研究所．体验式教学理论与实践探究[M]．昆明：云南教育出版社，2011.

[19]张群力，唐建忠，吴智林．户外休闲体育研究[M]．哈尔滨：东北林业大学出版社，2007.

[20]奥萨利文．休闲与游憩[M]．张梦，译．北京：中国旅游出版社，2010.

[21]马红宇，王斌．体验式培训[M]．武汉：华中师范大学出版社，2013.

中文期刊类

[1]黄俊琪，饶从志，朱俊鑫．生活方式与人类健康[J]．疾病控制杂志，1999，3(2)：155.

[2]金学斌．日本的野外教育[J]．西安体育学院学报，1992，9(4)：17－18.

[3]张惠红，陈作松，严阎健，等．“野外生存生活训练”作为高校体育课程内容的意义[J]．体育学刊，2002，9(6)：86－87.

[4]季可异，季浏．拓展高校体育课程促进学生身心健康：高校开展野外生存生活训练实验研究概述[J]．中国学校体育，2003(1)：50－51.

[5]许方龙，宾洲．高校体育教学中开展野外生存教育的可行性[J]．上海体育学院学报，2003，27(5)：95－97.

[6]姜丽．我国普通高校开展野外生存生活训练课程的价值取向[J]．南京体育学院学报，2003，17(6)：153－154.

[7]李金芬．高校拓展训练课程教学体系的构建[J]. 上海体育学院学报，2010，34(1)：80－82.
[8]李正贤．高校户外拓展训练课程安全问题研究[J]. 体育文化导刊，2008(10)：98－100.
[9]陈建翔．谈谈拓展训练及其对我国基础教育的启示[J]. 教学研究，1997(5)：54－55.
[10]方配素，栾乐萌．拓展训练对儿童自我意识的影响[J]. 中国临床康复，2005，9(36)：28－29.
[11]操学诚，吴德祖．户外运动与青少年全面发展[J]. 中国青年研究，2006(6)：24－27.
[12]杨汉，董范，郑超，等．高校体育课程：户外运动教学体系的研究[J]. 北京体育大学学报，2005，28(6)：789－791.
[13]张建伟．高校开展户外运动的必要性及可行性分析[J]. 成人教育，2009，29(04)：52－53.
[14]杨汉，蔡楚元，刘华荣，等．构建户外运动专业人才培养体系的研究：中国地质大学(武汉)为例[J]. 北京体育大学学报，2010，33(4)：76－80.
[15]郑向敏，吴倩倩．我国户外运动安全事故分析[J]. 体育文化导刊，2014(3)：47－49.
[16]刘苏．我国户外运动法律规制模式研究[J]. 武汉体育学院学报，2011，45(4)：33－38.
[17]彭文革．美国高等院校户外教育及其专业和课程设置研究[J]. 体育科技文献通报，2007，(2)：10－12.
[18]孙辉，兰自力．外国高校户外教育专业设置现状分析[J]. 体育学刊，2014，21(6)：96－99.
[19]孙辉，兰自力．户外教育的理论基础研究[J]. 中国学校体育(高等教育)，2014，1(11)：50－53.

[20]周红伟，傅钢强．构建我国高校户外教育教师专业化培训体系的研究[J]．南京体育学院学报，2013，27(2)：74－78.
[21]黄英杰，王小丁，张茂恩．西方自然主义教育思想的嬗变与和合[J]．西华师范大学学报(哲学社会科学版)，2009(6)：92－97.
[22]刘黎明．论西方自然主义教育思想的当代价值[J]．中国人民大学教育学刊，2012(3)：137－154.
[23]谢莹．卢梭自然主义的道德教育思想及其当代启示[J]．科学·经济·社会，2015，33(1)：34－37.
[24]苏显春．人本主义教育思想对高等教育的启示[J]．教育与职业，2015(26)：105－107.
[25]曾德琪．罗杰斯的人本主义教育思想探索[J]．四川师范大学学报(社会科学版)，2003，30(1)：43－48.
[26]刘宣文．罗杰斯人本主义教学观述评[J]．浙江师大学报(社会科学版)，1999，24 (2)：81－83.
[27]邱耕田．社会发展：涵义、结构和功能[J]．学习与探索，2001(1)：18－23.
[28]方海明．美国户外探险游憩的发展经验及启示[J]．体育文化导刊，2015(6)：56－60.
[29]陈乙南．美国各州颁布实施儿童户外权利法案的启示[J]．当代青年研究，2012(6)：62－66.
[30]赵承磊．户外运动在美国社会中的地位、作用与启示[J]．成都体育学院学报，2011，37(9)：24－28.
[31]韩蕾，化夏．浅议美国青少年户外教育现状[J]．当代体育科技，2016，6(18)：151－152.
[32]周红霞．美国户外教育的首要目标是认识世界、承担责任[J]．上海教育，2016(24)：41－42.
[33]朱伟强．户外教育课程研究[J]．当代教育科学，2010(12)：16－18.

[34]刘宝军．我国高校户外运动课程的开展探究[J]．课程教育研究，2016(12)：35－36.
[35]李欣，汤波．新西兰户外运动教育研究及对我国的启示[J]．绵阳师范学院学报，2010，29(8)：117－121.
[36]陈智峰．爱尔兰和新西兰幼儿园体育教育研究及对大陆的启示[J]．体育世界(学术版)，2017(8)：65－66.
[37]赵霞．青少年户外教育的国际经验及启示[J]．中国青年研究，2015(4)：107－108.
[38]余昭炜，兰自力，孙辉．国外学校户外教育研究[J]．广州体育学院学报，2015，35(3)：121－124.
[39]童建红．我国青少年户外运动服务供给现状、问题和对策研究[J]．广州体育学院学报，2017，37(1)：23－27.
[40]季娇．户外教育：为孩子提供接触自然的机会[J]．中国科技教育，2014(6)：6－7.
[41]傅钢强，冯祎中，周红伟，等．贝登堡户外教育思想下高校体育教学内容改革研究[J]．四川体育科学，2016，35(1)：122－125.
[42]吴小玮．美国童子军训练及对我国青少年生存教育的启示[J]．外国中小学教育，2015(11)：57－58.
[43]马逢伯，刘亚，李钦．户外教育为基础的高校公共体育教学实践研究[J]．广州体育学院学报，2015，35(4)：112－115.
[44]刘亚．基于“全人教育”理念下高校公共体育创新培养模式的探索[J]．首都体育学院学报，2016，28(4)：323－327.
[45]甘金球，王芳．英国教育法发展简史及评介[J]．现代企业教育，2007(2)：191－192.
[46]刘昌亚．美国户外体育教育特征及启示[J]．体育文化导刊，2018(7)：117－121.
[47]龙继军，曾亦斌，张少生．美国青少年户外教育发展的现状、特

征与启示[J]. 广州体育学院学报，2020(2)：38-43
[48]何树彬．发达国家户外教育的价值意蕴与实践路径[J]. 上海教育科研，2021(3)：46-52.
[49]刘华荣，卢吉洪，王华倬．超越与回归：户外教育的生命之维 [J]. 中国地质大学学报（社会科学版），2022(11)：136-144.

学位论文类

[1]钱永健．北京大学拓展训练课程设置与开展效果的分析研究[D]. 北京：北京体育大学，2007.
[2]马翼虹．美国当代中小学户外教育实践模式研究[D]. 兰州：西北师范大学，2006.
[3]韩敏．教育理念的价值及其实现[D]. 太原：山西大学，2010.
[4]王万翔．美国生态作家“荒野”思想研究：以西格德·F. 奥尔森等为例[D]. 海口：海南师范大学，2013.
[5]傅丽纯．美国童子军的课程与教学[D]. 上海：华东师范大学，2016.
[6]藏辉艳．美国环境教育及其立法研究[D]. 青岛：中国海洋大学，2008.
[7]邵玉辉．美国大学休闲专业课程设置对我国的启示[D]. 济南：山东师范大学，2007.
[8]舒峻峰．美国1964年荒野法研究[D]. 沈阳：辽宁大学，2013.
[9]李嘉楠．吉林大学研究生开设野外生存训练课程的可行性研究[D]. 长春：吉林大学，2007.
[10]吕璐露．我国高校户外教育课程教学内容体系构建[D]. 武汉：武汉体育学院，2014.
[11]张军．我国青少年户外运动教育现状及对策[D]. 武汉：中国地质大学(武汉)，2013.
[12]于雪娟．童子军运动及对中国教育的启示[D]. 北京：中国政法大

学，2009.

[13]孙辉．户外运动教育功能及其在高校的实现[D]. 北京：北京体育大学，2014.

[14]钱俊伟．我国户外教育理论体系建构及实践研究[D]. 北京：北京体育大学，2016.

电子文献类

[1]中华人民共和国中央人民政府．中共中央、国务院印发《“健康中国2030”规划纲要》[EB/OL].（2016 - 10 - 25）[2022 - 11 - 15]. http：//www. gov. cn/zhengce/2016 - 10/25/content _ 5124174. htm.

[2]体育总局 发展改革委 工业和信息化部 自然资源部 住房和城乡建设部 文化和旅游部 林草局 国铁集团．关于印发《户外运动产业发展规划（2022 - 2025 年）》的通知 [EB/OL].（2022 - 10 - 25）[2022 - 11 - 15]. http：//www. gov. cn/zhengce/zhengceku/2022 - 11/07/content _ 5725152. htm

[3]Idaho State University. Minor in outdoor education[EB/OL].（2019 - 10 - 12）. [2023 - 02 - 16]. https：//coursecat. isu. edu/undergraduate/education/humanper form ance and spor tstudies/minor - outdoor - education.

外文文献

[1] ADKINS C，SIMMONS B. Outdoor，experiential，and environmental education：converging or diverging approaches? [EB/OL]. [2022 - 10 - 25]. https：//files. eric. ed. gov/fulltext/ED467713. pdf.

[2]LUGG A. Developing sustainability - literate citizens through outdoor learning：possibilities for outdoor education in higher education[J]. Journal of adventure education and outdoor learning，2007，7(2)：97 - 112.

[3]BROKKES A. Lost in the Australian bush：outdoor education as curriculum[J]. Journal of curriculum studies，2002，34(4)：405 - 425.

[4]BOYES M. The place of outdoor education in the health and physical edu-

cation curriculum[J]. Journal of physical education New Zealand. 2000，33 (2)：75－88.

[5] HENDERSON B，POTTER T. Outdoor adventure education in Canada：seeking the country way back in[J]. Canadian journal of environmental education，2001(6)：225－242.

[6] BRUSSONI M，OLSEN L L，PIKE I，et al. Risky play and children's safety：balancing priorities for optimal child development [J]. International journal of environmental research and public health，2012，9(9)：3134－3148.

[7]BURNS R B. The self concept：theory，measurement，development and behavior[M]. New York：Longman. 1979.

[8] KNAPP C. Outdoor education in the United States：yesterday，today and tomorrow[J]. World leisure and recreation，1992，34(2) 23－26.

[9]CULPAN I. Getting what you got：harnessing the potential[J]. Journal of physical education New Zealand，2000，33(2)：16－30.

[10]DONALDSON G W，DONALDSON L E. Outdoor education：a definition[J]. Journal of health，physical education，recreation，1958，29(5)：17－63.

[11]WIGGLESWORTH J. The perceived life impact of a university outdoor education course[J]. The ontario journal of outdoor education，2012，24(3)：20－21.

[12]FRUMKIN H. Beyond toxicity：human health and the natural environment[J]. American journal of preventive medicine，2000，20 (3)：234－240.

[13]FITZPATRICK C N. Philosophy and goals of outdoor education[D]. Collins Colorado State Universiy，1968.

[14] FORD P. Outdoor education: definition and philosophy[J]. University, Resources in education, 1986, 30(9): 15.

[15] GREENMAN J. Caring spaces, learning spaces: children's environments that work[M]. Redmond: Exchange press inc. 2005.

[16] House of commons education and skills committee. education outside the classroom[R]. London: The stationery office Limited, 2005.

[17] HATTIE J. Adventure education and outward bound: out - of - class experiences that make a lasting difference[J]. Review of educational research, 1997, 67(1): 43 - 87.

[18] JULIAN W, SMITH. Outdoor education: an overview[EB/OL]. [2022 - 10 - 25]. https://files.eric.ed.gov/fulltext/ED034631.pdf.

[19] KANT E. Critique of pure reason [M]. London: Macmillan, 1787.

[20] KRAFT R J, SAKOFS M S. The theory of experiential education. [EB/OL]. [2022 - 10 - 25]. https://files.eric.ed.gov/fulltext/ED385423.pdf.

[21] GILLESPIE L. Key area of learning outdoor education[J]. Journal of physical education New Zealand, 2007, 40(3): 22.

[22] LEMMEY R. The scope for provision of outdoor education in primary schools—an english case study[EB/OL]. [2022 - 10 - 25]. https://files.eric.ed.gov/fulltext/ED471725.pdf.

[23] COOK L. The 1944 education act and outdoor education: from policy to practice[J]. History of education, 1999, 28(2): 157 - 172.

[24] LYNCN P. Fitting in and getting on: learning in the school of outdoors[J]. Childrenz issues: journal of the children's issues centre, 2000, 4(2): 32 - 35.

[25] HIGGINS P. Outdoor education in Scotland[J]. Journal of adventure education and outdoor learning, 2002, 2 (2): 149 - 168.

[26] ALLISON P, TELFORD J. Turbulent times: outdoor education in Great Britain 1993 - 2003[J]. Australian journal of outdoor education, 2005, 9(2), 21 - 30.

[27] LYNCH P. The origins of outdoor education in New Zealand: progressive liberalism and post war rejuve nation, 1935 - 1965[J]. Journal of physical education New Zealand, 2003, 36(1): 63 - 81.

[28] LYNCH P. Educational "traditions" and school "topics": outdoor education in New Zealand schools 1935 - 1965[J]. History of education review, 2005, 34(1): 19 - 34.

[29] Parker T, MELDRURM K. Outdoor education[M]. London: Dent, 1973.

[30] ZINK R, BOYES M. The nature and scope of outdoor education in New Zealand schools[J]. Australian journal of outdoor education, 2006, 10(1): 11 - 21.

[31] PRIEST S. Redefining outdoor education: a matter of many relationships[J]. The journal of environmental education, 2010, 17(3): 13 - 15.

后 记

一、研究结论

1. 基于不同视角、研究目的的户外教育概念是不同的

国外学者对户外教育概念的界定主要有教学场所说、学习方式说、课程内容说和目的说。国内学者对户外教育的研究侧重从学习方式说、活动说和目的说的角度对户外教育概念加以界定。本书结合前人研究成果，根据本土化实践和研究需要，将户外教育界定为：户外教育是一种专注于户外，利用山地、草原、丛林、森林、江河、湖海等自然环境资源，或一些人造环境与户外设施，促进人们户外生存、生活知识获得、技能形成，以及社会人际关系发展的教育，同时培养学生对环境的尊重与关怀，促进人与自然的和谐发展。

2. 户外教育的内容主要包括三个领域

户外教育的内容主要包括三个领域：户外探索领域，即在户外开展的徒步旅行、定向越野、登山、山地自行车、露营、穿越、自行车环湖等活动，活动通常具有探索性和挑战性，甚至危险性，对户外运动技能要求较高；户外研究领域，即人对户外教育的现象、本质、规律及知识等进行的无穷尽的观察、发现和感知；户外生活体验领域，即让学生在精心设计的户外生活情境中体验学科与生活、社会、自然的联系，促进学生的全面发展并为将来更好地工作、生活做准备。

3. 户外教育有丰富的理论基础

户外教育的理论基础主要有五个方面。一是户外教育契合自然主义教育思想中"自然的"或"科学的"教育之内涵，诠释顺应儿童"天性

的”教育之思想，迎合将“科学的”教育与“天性的”教育引入“社会生活”的教育之趋势。二是户外教育体现了人本主义教育思想提倡的将人格教育与生活教育融合在一起的特点，突出人的中心地位，满足受教育者发现自我及自我实现的需要，培养“知情合一”的人。三是户外教育强调参与者直接使用感官进行观察和知觉的学习方式，与经验主义所强调的重视感官训练和直觉教学，靠直接经验来获得知识是一致的，经验主义知识论为户外教育提供了理论支撑。四是户外教育强调从经验中学、在做中学，鼓励学生在参与教育过程中积极探索，实用主义教育思想作为其理论基础。五是户外教育功能彰显多元智力理论，在发展儿童青少年空间智力、身体运动智力、人际关系智力和自然智力方向上具有不可比拟的优势。

4. 户外教育功能广泛，对人与社会产生积极影响

户外教育的功能主要体现在以下六个方面。第一，户外教育具有启智功能，有助于提高人们知识学习、能力与技能培养。第二，户外教育能够强化人的自我概念和自我效能感，有利于人们个性和社会性发展。第三，户外教育具有德育教育功能，能有效培养人们的集体主义价值观和团队协作精神。第四，丰富个人和社会的文化生活，促进精神文明建设，提高人们的生活质量。第五，户外教育培养人们的生态环保意识，塑造正确的生态环保态度与行为，促进生态文明建设的开展。第六，户外教育在培养人的探索精神和挑战精神等方面具有特殊功效。

5. 美国户外教育发达，相关组织、机构和公益团体推动了美国户外教育发展

学校户外教育作为美国正规学校教育的组成部分，是美国户外教育与户外事业的基础。美国基础教育中户外教育依据学生所处年级、所选课程所在年龄阶段的身心发展水平，以及各地区、学校所拥有的户外教育教学条件来设置相关户外教学具体内容。课程设置主要以两

种形式出现，一种是以学科中心课程形式出现，户外教育作为辅助手段或形式；另一种是与学校设置的学科课程有所区别，不是以单一课程出现，是将分割的学科互相交叉，相互融合，通过户外教育活动完成教学目标。基础教育中户外教育的实施也分为两种形式，一种是由学校自主组织实施的户外教育活动，一般由学校教师，包括专业的教师及各学科的任课教师负责组织完成；另一种是与社会户外机构或地区户外教育中心合作，由上述机构的专业人员负责组织实施。

美国高等教育中户外教育以户外专业人才培养为主，学生社团活动、课外活动为户外教育开展的辅助形式。户外教育专业多由教育院系或体育院系开设，开设专业主要涉及户外教育、户外休闲(户外娱乐、户外旅游、户外管理)、环境教育等方向，学位涵盖学士、硕士、博士等层次。户外教育课程多以学位课程形式出现，课程类型分为必修课程和选修课程两种，课程内容涉及体育、美术、地质、生物、管理、医学等多学科领域。美国高校培养的户外教育专业人才大多具有较为全面的户外知识，掌握各种户外技能并获得户外资格认证，具备户外工作的各种能力，社会竞争力强，为美国户外事业培养了合格的户外活动专门人才。

6. 英国户外教育体系较为完善，政策制度完备

英国是基础教育中实施户外教育较早的国家，是最早将户外教育正规化的国家之一。基础教育中户外教育目标分为三个维度：一是身体目标，即促进身体健康，提高身体素质；二是个人教育目标，即个人能力发展目标，包括自我概念、运动技能、人际交往、领导力及探索精神等个人能力发展；三是社会教育目标，包含环境教育、公民教育等。

英国有英格兰、威尔士教育体制和苏格兰教育体制，户外教育在两种教育体制中存在一定的差异。英国国家体育课程计划中鼓励学校将户外和冒险活动作为学校六项活动之一开展。在英格兰、威尔士教

育中户外教育以“户外和冒险活动”形式出现在体育课程中；在苏格兰户外教育不作为正式、独立形式的课程出现，学生接受户外教育是通过额外课程或者通过整合后的五大领域课程（个人和社会发展、环境研究、数学、宗教与道德教育、艺术）来实现的。基础教育中户外教育的开展与实施受到政府、户外教育中心、户外运动协会和俱乐部的多重支持。

英国高校开设了较为广泛的户外教育课程内容，部分高校开设户外教育类专业，提供户外教育本科和研究生教育，而大学阶段户外课外活动作为大学生实践教学和生活的一部分多是学生自发组织和参与的。英国高校中的户外教育专业开设各具特色，主要目标是培养户外教育类专业人才，主要针对户外教育中心、海外探险、户外领队、体育教学、地理教学、环境教育、野外调查、发展教育、户外技能培训、生态旅游与探险旅游等领域。英国高校户外教育有优质的专业师资、广泛的社会合作，以及良好的户外教育环境为户外教育的开展提供有力保障。

7. 新西兰户外教育体系健全，户外教育进入正规学校教育课程

新西兰学校户外教育是作为体育与健康教育课程的一部分被新西兰教育部列入国家课程范围的。基础教育阶段户外教育的具体目标是：为学生提供发展个人技能和社会技能的机会，使学生在户外变得活跃、安全和熟练，保护和爱护好自然环境。新西兰教育部规定的户外教育内容包括：专注于身体技能发展、兴趣和快乐的冒险活动和户外活动；重点发展个人和人际关系技巧的冒险活动和户外活动；学习新西兰和其他文化群体的传统、价值观、遗产，包括毛利土著族文化；掌握户外休闲活动对环境影响的相关知识，制定对个人和群体安全、挑战及风险进行评估和管理的策略；学会如何在社区内开展户外娱乐游憩活动。

除了国家规定的体育与健康教育中的户外教育课程，户外教育活

动对其他中小学课程也具有较强的支持作用。户外教育的开展根据内容的不同对环境的要求也有所不同，新西兰户外教育课程要求在中小学存在差异，小学户外教育教学大多数是在校园内完成的；中学户外教育开展的主要场所是乡村地区、户外教育中心及国家公园等场地。

新西兰高等教育中体育类专业设置里一般都包括户外教育内容的课程，特别是户外运动类课程，部分高校体育专业将户外教育作为体育专业的主修方向，提供不同层次(证书课程、专科课程、本科学位课程、研究生课程等)、不同方向(户外休闲、户外游憩、环境与户外领导、户外教学与管理、户外教育、可持续发展与户外教育等)的户外教育专业课程。课程设置根据专业方向在内容和要求方面各具特点。新西兰高校户外教育有着较强的师资团队，保证了较高的户外教育质量。户外社团活动和学生课外活动是高校户外教育的重要组成部分。

8. 国外在户外教育目标、课程设置等方面积累了丰富经验

国外基础教育阶段的户外教育目标多样化，为学校教育目标服务；户外教育课程内容分布广，涉及学科多；户外教育实施具有多样性，得到社会力量的广泛支持。高等教育中的户外教育培养目标具有专一性和全面性，既侧重专业方向的专一性，也注重户外知识学习、户外能力发展及环境保护意识培养的全面性。

户外教育课程设置具有针对性和广博性，专业课程设置的目的性强、自主性大，注重课程的实践性；户外课程设置涉及广博，注重不同学科间知识的交叉融合与渗透，课程涵盖了自然科学、管理学、生物学、医学及体育学等各个知识领域。户外教育课程重视选修性与社会实践性，课程选修既针对本学科专业学生，也作为其他学科专业的辅修专业或选修课程。户外教育课程注重实践，各高校在课程设置中都有对于社会实践的课程和学分要求。户外教育师资具有专业性和综合性，教师专业能力强，教师队伍结构合理，具有多方向、多学科的综合性特点。

国外学校户外教育发展经验主要有：政府重视户外教育，将其纳入学校教育范畴及学校总体教育目标；户外教育功能在学校教育中得到有效发挥；学校户外教育与社会户外教育相互融合，相互促进；学校户外教育充分结合本国情况；户外活动政策法规制度及财政支持政策为学校户外教育发展提供有力保障。

9. 我国学校户外教育处于初步探索阶段，需要大力发展

我国引入户外教育理念时间不长，对户外教育的认识尚未统一，户外教育发展水平偏低，学校户外教育发展时间短，尚处于初步探索阶段。主要体现在学校教育对于户外教育的重视程度不够，学校户外教育政策法规不完善；基础教育阶段学校户外教育缺乏；高校户外教育逐渐兴起，但主要围绕体育教育领域；青少年户外营地教育处于起步阶段；学校户外教育环境条件差，专业户外教育师资缺乏。

我国学校户外教育的发展可从以下方面着手：重视学校户外教育的发展，政府和教育部门可为学校户外教育提供政策法规支持；应以高校户外教育为试点，逐步完善学校户外教育课程体系与支持体系；应以体育课程改革为切入点，将户外教育融入学校教育体系；户外教育应以课程内容设置为突破口，探索多元教学目标的实现；应以创新教学模式为目标，构建课内外一体化的户外教育体系；应充分利用社会资源，积极发展社会户外教育中心，搭建“学校—社会”合作的户外教育平台；以研学旅行为契机，大力开展青少年户外营地教育；应以专业建设为核心，探索中国户外教育专业人才的培养。

二、不足与展望

1. 不足之处

本书研究还存在诸多不足之处，主要表现在以下方面。

(1)限于时间、精力和研究材料的局限性，本书对国外学校户外教育政策、法规及财政支持体系等方面研究较少，缺乏全面、系统的支持材料。例如，美国各州对户外活动、户外教育的立法及相关政策均

有较大区别，囿于研究材料的缺失，本书很难厘清这些州户外教育的优势和劣势。又如，英国一些公学(如伊顿公学)的户外教育开展得非常好，但由于诸多原因未能作为重点案例进行研究。

(2)受研究资料与文献的限制，本书只选取了美国、英国、新西兰等三个发达国家作为重点研究对象。虽然这三个国家具有代表性和经典性，但与最初设计时挑选的五个国家还存在一定差距。特别是对加拿大、澳大利亚的户外教育情况，没有单独提出来作为独立章节进行研究，这不能不说是本书的缺憾。加拿大、澳大利亚这两个国家的户外教育都具有鲜明特点和优势，如加拿大的冒险教育、澳大利亚的丛林探险教育都极富特色。

(3)鉴于本书选题范围的限制，在对国外学校户外教育研究过程中，对宏观的、粗线条的问题研究较多，对于实证性问题研究、案例研究较少，这又是一种缺失与遗憾。这些缺失还有待今后做进一步探讨，特别是对户外教育活动组织的一些细节问题、活动案例问题都将做进一步的专题研究。

2. 展望

相关后续研究可以从以下诸方面展开。

一是继续深入研究国外学校户外教育，特别是对发达国家学校户外教育的相关法律法规、政策制度、财政保障等方面进行深入的专题研究。

二是加强户外教育的基础理论研究。整合各种资源，加强跨学科的合作与交流，特别是要整合教育学、心理学、社会学与体育学的学科资源与专业优势，对国外户外教育基础理论问题进行深入的专题探讨。

三是加强户外教育活动组织策划与案例研究。户外教育是一种体验式教育，注重实践性与团队精神，户外教育活动策划、组织与实施对户外教育的效果起到决定性作用。案例教学对学生的学习、研究，对户外教师教学能力的提升都具有积极作用，目前我国对户外教育案例的研究不显，有待加强。